Werner Heiring

Prüfungswissen kompakt

Bankkaufmann/Bankkauffrau

6. Auflage

Bestellnummer 27453

Bildungsverlag EINS

Die in diesem Produkt gemachten Angaben zu Unternehmen (Namen, Internet- und E-Mail-Adressen, Handelsregistereintragungen, Bankverbindungen, Steuer-, Telefon- und Faxnummern und alle weiteren Angaben) sind i. d. R. fiktiv, d. h., sie stehen in keinem Zusammenhang mit einem real existierenden Unternehmen in der dargestellten oder einer ähnlichen Form. Dies gilt auch für alle Kunden, Lieferanten und sonstigen Geschäftspartner der Unternehmen, wie z. B. Kreditinstitute, Versicherungsunternehmen und andere Dienstleistungsunternehmen. Ausschließlich zum Zwecke der Authentizität werden die Namen real existierender Unternehmen und z. B. im Fall von Kreditinstituten auch deren IBANs und BICs verwendet.

service@bv-1.de
www.bildungsverlag1.de

Bildungsverlag EINS GmbH
Ettore-Bugatti-Straße 6-14, 51149 Köln

ISBN 978-3-427-**27453**-7

Vorwort

Prüfungswissen kompakt Bankkaufmann/Bankkauffrau hilft Ihnen bei der schnellen Prüfungsvorbereitung. Es liefert Ihnen eine strukturierte Übersicht über den aktuellen, prüfungsrelevanten Stoff.

Der Titel gliedert sich in die drei großen Teilbereiche „Bankwirtschaft“, „Allgemeine Wirtschaftslehre“ und „Rechnungswesen und Steuerung“. Jedem Kapitel innerhalb dieser Bereiche ist jeweils eine einleitende Übersichtsseite vorangestellt. Die grafische Aufbereitung dieser Übersichtsseiten verdeutlicht Abläufe und Zusammenhänge und bietet Ihnen die wichtigsten Lerninhalte auf einen Blick. Die einzelnen Lerninhalte finden Sie im jeweiligen Kapitel kurz und kompakt beschrieben.

Mit *Prüfungswissen kompakt Bankkaufmann/Bankkauffrau* bereiten Sie sich nicht nur schnell und zielgerichtet auf Ihre Prüfung vor, sondern auch auf den Unterricht. Verwenden Sie den Titel ebenso zur gezielten Wiederholung einzelner Themen wie auch als Nachschlagewerk. Werfen Sie zusätzlich einen Blick in *Prüfungswissen Bankkaufleute* (Best.-Nr. 01470).

Zur Lernunterstützung finden Sie unter www.bildungsverlag1.de als BuchPlusWeb eine digitale Lernkartei. Sobald Sie sich mit dem Code von der vorderen Umschlaginnenseite eingeloggt haben, lässt sich das Programm runterladen. Nach dem klassischen Prinzip der Karteikarten können Sie damit Ihr Wissen abfragen bzw. optimieren. Einige Karteikarten sind bereits bespielhaft angelegt. Sie können die Lernkartei nach Belieben erweitern. Näheres erfahren Sie in der Lernkartei selbst unter der Option „Hilfe“.

Werner Heiring

Inhaltsverzeichnis

A Bankwirtschaft

B Allgemeine Wirtschaftslehre

C Rechnungswesen und Steuerung

A Bankwirtschaft

1 Kontoführung

Konten
- Einzelkonten
- Gemeinschaftskonten
- Offene Treuhandkonten

Legitimation und Feststellen des wirtschaftlich Berechtigten

Verfügungsberechtigung
- Gesetzliche Vertreter
  - Vormund
  - Betreuer
  - Erben
- Verfügungsberechtigte
- Bevollmächtigte

Bankgeheimnis

Verschwiegenheitspflicht — Auskunftsverweigerungsrecht

Bankauskunft

Juristische Personen und Kaufleute — Andere Personen

Verhinderung der Geldwäsche und der Terrorismusfinanzierung
- Kundensorgfaltspflichten
- Aufbewahrung der Identifizierungsdaten
- Meldung von Verdachtsfällen
- Automatisierter Abruf von Kontoinformationen

Onlinebanking

Internetbanking
▼
z. B. Microsoft, Mozilla Firefox

Homebanking-Programme
▼
z. B. VR-NetWorld

Mobile Banking
▼
z. B. Smartphone, Tablet-PC

1.1 Kernmerkmale der Kontoführung

Einzel- und Gemeinschaftskonten

Beim Einzelkonto ist der Kontoinhaber eine Person, bei Gemeinschaftskonten sind Kontoinhaber mehrere Personen, dabei haftet jeder Kontoinhaber gesamtschuldnerisch für die Verbindlichkeiten aus dem Gemeinschaftskonto.

Gemeinschaftskonto

Einzelverfügungsberechtigung

- Jeder Kontoinhaber kann allein über das Kontoguthaben und eingeräumte Kredite verfügen sowie bankübliche Kontoüberziehungen vornehmen.
- Bei Tod eines Kontoinhabers bleibt das Verfügungsrecht des überlebenden Kontoinhabers uneingeschränkt bestehen.
- Die Ausgabe einer Debitkarte ist an jeden Kontoinhaber möglich.

Gemeinschaftliche Verfügungsberechtigung

- Die Kontoinhaber können nur gemeinsam über das Konto verfügen.
- Bei Tod eines Kontoinhabers kann der überlebende Kontoinhaber nur gemeinsam mit den Erben des verstorbenen Kontoinhabers verfügen.
- Die Ausgabe einer Debitkarte ist nicht möglich.

Treuhandkonten

Es handelt sich um Konten, auf denen Vermögenswerte erfasst werden, die nicht dem Vermögen des Treuhänders (Kontoinhaber) zuzurechnen sind. Der Treuhänder unterhält das Konto im eigenen Namen für fremde Rechnung.

Offene Treuhandkonten

- **Anderkonten**
- **Sonstige offene Treuhandkonten**
  - **Gesetzliche Treuhänder**
  - **Private Treuhänder**

Anderkonten

Kontoinhaber:
- Notare
- Rechtsanwälte
- Patentanwälte
- Angehörige der öffentlich bestellten wirtschaftsprüfenden und wirtschafts- und steuerberatenden Berufe

Gesetzliche Treuhänder

Kontoinhaber:
- Insolvenzverwalter
- Zwangsverwalter
- Testamentsvollstrecker
- Nachlassverwalter

Private Treuhänder

Kontoinhaber:
- Verwalter einer Wohnungseigentümergemeinschaft
- Vorstand eines nicht eingetragenen Vereins
- Vermieter

Bei **Anderkonten** rechtsberatender Berufe kann auf die Abklärung des wirtschaftlich Berechtigten (Treugeber) verzichtet werden, wenn das Kreditinstitut die Angaben über die Identität des wirtschaftlich Berechtigten auf Anfrage vom Inhaber des Anderkontos erhalten kann.

Besonderheiten von Anderkonten

- Kontovollmachten dürfen nur einem begrenzten Personenkreis erteilt werden, die selbst zum Führen eines Anderkontos berechtigt sind.
- Verfügungen des Kontoinhabers werden vom Kreditinstitut nicht auf ihre Rechtmäßigkeit überprüft.
- Kreditinstitute verzichten auf das Recht der Aufrechnung mit anderen Forderungen und Verbindlichkeiten sowie auf das Pfand- und Zurückbehaltungsrecht (Ausnahme: Forderungen, die in Bezug auf das Anderkonto selbst entstanden sind, z. B. Gebühren).

Kontoinhaber und Legitimation bei der Kontoeröffnung

Kontoinhaber	Legitimation bei der Kontoeröffnung
1. Natürliche Personen	1. Amtlicher Lichtbildausweis
2. Partnerschaftsgesellschaft	2. Beglaubigter Auszug aus dem Partnerschaftsregister + amtlicher Lichtbildausweis der Vertretungsberechtigten
3. Einzelunternehmen und Personenhandelsgesellschaften (OHG, KG)	3. Beglaubigter Auszug aus dem Handelsregister + amtlicher Lichtbildausweis der Vertretungsberechtigten

Kontoinhaber	Legitimation bei der Kontoeröffnung
4. Juristische Personen des privaten Rechts (GmbH, AG, eG)	4. Beglaubigter Auszug aus dem Handels- bzw. Genossenschaftsregister + amtlicher Lichtbildausweis der Vertretungsberechtigten
5. Juristische Personen des öffentlichen Rechts	5. Gesetze, Rechtsverordnungen, Satzungen, Statuten, Protokolle etc. + amtlicher Lichtbildausweis der Vertretungsberechtigten

Bei als **Vertreter eingetragenen Personen**, die in öffentliche Register (z. B. Handelsregister) eingetragen sind, kann nach AEAO zu § 154 AO auf die **Legitimationsprüfung verzichtet** werden.

Eltern als gesetzliche Vertreter

Minderjährige werden durch beide Eltern vertreten. Ein Elternteil ist allein vertretungsberechtigt, wenn

- der andere Elternteil verstorben, beschränkt geschäftsfähig, durch Abwesenheit oder Krankheit gehindert oder unverheiratet ist und keine gemeinschaftliche Sorge besteht,
- das Familiengericht einem Elternteil die elterliche Sorge allein übertragen hat,
- die Eltern sich gegenseitig bevollmächtigen.

Vormund als gesetzlicher Vertreter

Ein Vormund wird vom Familiengericht bestellt, wenn ein Minderjähriger nicht unter elterlicher Sorge steht.

Ohne Genehmigung des Familiengerichts darf der Vormund nur verfügen, wenn

- es sich um Zinsen oder andere Erträgnisse des Mündelvermögens handelt,
- es sich um Geldbeträge handelt, die ohne Sperrvermerk auf einem Girokonto angelegt wurden.

Betreuer als gesetzlicher Vertreter

Ein Betreuer kann vom Vormundschaftsgericht bestellt werden, wenn ein Volljähriger aufgrund einer psychischen Krankheit oder einer körperlichen, geistigen oder seelischen Behinderung seine Angelegenheiten ganz oder teilweise nicht besorgen kann.

Der **Betreuer** kann **genehmigungsfrei** in jedweder Höhe über Giro- und Kontokorrentkonten des Betreuten verfügen.

Eine **Genehmigung des Familiengerichts** benötigt er lediglich bei Verfügungen über Tagesgeld-, Termingeld- und Sparkonten (Ausnahme: befreite Betreuer, z. B. Familienbetreuer, Behördenbetreuer, Vereinsbetreuer).

Gesetzliche Vertretung von Firmenkunden

Firmenkunde	Gesetzliche Vertreter	Art der Vertretung
Offene Handelsgesellschaft	Gesellschafter	Einzelvertretung
Kommanditgesellschaft	Persönlich haftender Gesellschafter	Einzelvertretung
Partnerschaftsgesellschaft	Partner	Einzelvertretung
Gesellschaft mit beschränkter Haftung	Geschätsführer	Gesamtvertretung
Aktiengesellschaft	Vorstand	Gesamtvertretung
Eingetragene Genossenschaft	Vorstand	Gesamtvertretung

In der Bankpraxis informieren sich die Kreditinstitute über die Vertretungsberechtigten bei Firmenkonten anhand von Registerauszügen, Satzungen oder Gesellschaftsverträgen, da häufig abweichende Regelungen getroffen werden.

Kontobevollmächtigte bei Firmenkonten

- Prokuristen
- Handlungsbevollmächtigte mit Befugnis nach § 54 Abs. 2 HGB
- sonstige Bevollmächtigte

Handlungsbevollmächtigte mit Befugnis nach § 54 Abs. 2 HGB dürfen u. a. Wechselverbindlichkeiten eingehen, Kredite aufnehmen und Grundstücke belasten oder veräußern.

Kontenabrufsystem

Kreditinstitute müssen der **BaFin** den jederzeitigen automatisierten **Abruf folgender Kontendaten** ermöglichen:

- IBAN/BIC bzw. Depotnummer
- Tag der Kontoauflösug
- Tag der Kontoerrichtung
- Name des Kontoinhabers und der Verfügungsberechtigten sowie Name und Anschrift des wirtschaftlich Berechtigten

Über das **Bundeszentralamt für Steuern (BZSt)** können diese Daten von den sogenannten **Leistungsbehörden** angefordert werden: Finanzamt, Arbeitsagentur, Sozialamt, Wohngeldamt, BAföG-Amt.

Kontoführung bei Tod des Kontoinhabers

Das **Kreditinstitut** muss innerhalb eines Monats nach Bekanntwerden des Todes ihres Kunden dem zuständigen **Erbschaftsteuerfinanzamt eine Anzeige erstatten**, sofern

- Guthaben oder andere Vermögenswerte zu Beginn des Todestages 5 000,00 EUR übersteigen oder
- ein Schrankfach bzw. Verwahrstück vorhanden ist.

Das **Kreditinstitut kann Auszahlung an die Erben leisten** aufgrund

- Erbschein, Europäisches Nachlasszeugnis (ENZ) oder
- Abschrift des Testaments mit zugehöriger Eröffnungsniederschrift.

Zahlungsaufträge des Erben werden bis zum Widerruf der Erben weiterhin ausgeführt. Ohne Kontovollmacht bzw. Erblegitimation dürfen bestimmte Verfügungen, z. B. Unterhaltszahlungen an Familienangehörige, Zahlung der Erbschaftsteuer, vorgenommen werden. Die **Erben legitimieren** sich durch Erbschein, Europäisches Nachlasszeugnis oder beglaubigte Abschrift des Testaments oder Erbvertrag mit Niederschrift über die zugehörige Eröffnungsverhandlung.

1.2 Bankgeheimnis

Das Bankgeheimnis verpflichtet die Kreditinstitute, vertrauliche Informationen über ihre Kunden geheim zu halten (**Verschwiegenheitspflicht**). Ferner haben die Kreditinstitute das Recht, Auskünfte über ihre Kunden zu verweigern (**Auskunftsverweigerungsrecht**).

Gesetzliche Ausnahmen von der Verschwiegenheitspflicht

- gegenüber Leistungsbehörden (z. B. Arbeitsagenturen, BAföG-Ämtern), diese haben über das BZSt Zugriff auf die Kontenabrufdatei (§ 24 c KWG)
- gegenüber den Strafverfolgungsbehörden bei strafrechtlichen Ermittlungsverfahren, diese können auch auf das Kontenabrufsystem nach § 24 c KWG zurückgreifen
- gegenüber den zuständigen Finanzbehörden bei Steuerfahndungen (Einzelauskunft) sowie bei Betriebsprüfungen (Kontrollmitteilungen)

- gegenüber Glücksspielbehörden zu Zahlungskonten und -vorgängen von Spielern (§ 9d GwG)
- gegenüber dem BZSt, falls im Rahmen eines Freistellungsauftrags des Kunden Kapitalerträge vom Steuerabzug freigestellt wurden, wenn Kapitalerträge aufgrund einer NV-Bescheinigung ohne Steuerabzug ausgezahlt wurden oder wenn der Konto- bzw. Depotinhaber aus Sicht des Kreditinstituts im Ausland steueransässig ist
- gegenüber der BaFin, sie hat das Recht zum jederzeitigen Kontenabruf (§ 24 c KWG); ferner kann sie das Aufdecken bestimmter Auftraggeber verlangen, z. B. bei Verdacht auf Insidervergehen (WpHG)
- gegenüber dem Erbschaftsteuerfinanzamt bei Tod des Kunden
- gegenüber der Deutschen Bundesbank, z. B. wegen Groß- und Millionenkreditanzeigen

1.3 Bankauskunft

Die Bankauskunft ist eine allgemein gehaltene Mitteilung des Kreditinstituts über die wirtschaftlichen Verhältnisse, die Bonität und Zahlungsmoral des Kunden.

Bankauskünfte werden erteilt über

- **juristische Personen und Kaufleute**, sofern keine anderslautende Weisung des Kunden vorliegt und wenn sich die Anfrage auf die geschäftliche Tätigkeit bezieht,
- **andere Personen**, z. B. Privatkunden, wenn der Kunde allgemein oder im Einzelfall ausdrücklich zugestimmt hat.

Das anfragende Kreditinstitut hat den Anfragegrund anzugeben und muss darauf hinweisen, ob die Auskunft im eigenen Interesse oder im Kundeninteresse eingeholt wird. Bankauskünfte werden grundsätzlich schriftlich erteilt.

1.4 Verhinderung der Geldwäsche und der Terrorismusfinanzierung

Allgemeine Sorgfaltspflicht

In folgenden Fällen hat das Kreditinstitut die allgemeine Sorgfaltspflicht zu erfüllen:

- Begründung einer Geschäftsbeziehung, z. B. Konto- bzw. Depoteröffnung
- Durchführung einer Transaktion (bar wie unbar) außerhalb einer bestehenden Geschäftsbeziehung ab 15 000,00 EUR. Dies gilt auch,

wenn mehrere Transaktionen durchgeführt werden, die zusammen einen Betrag von 15 000,00 EUR oder mehr ausmachen, sofern Anhaltspunkte dafür vorliegen, dass zwischen ihnen eine Verbindung besteht (Smurfing).
- Geldtransfers i. S. der Geldtransferverordnung außerhalb einer bestehenden Geschäftsverbindung (Zahlscheingeschäfte) ab 1 000,00 EUR
- Verdacht auf Geldwäsche/Terrorismusfinanzierung (betragsunabhängig)
- bei Zweifeln, ob die erhobenen Angaben zu der Identität des Vertragspartners oder des wirtschaftlich Berechtigten zutreffend sind

Die **allgemeine Sorgfaltspflicht** umfasst:

- Identifizierung des Vertragspartners (Ausnahme: Vertragspartner wurde bei früherer Gelegenheit bereits identifiziert und die Angaben wurden aufgezeichnet)
- Abklärung, ob es sich bei dem Vertragspartner oder dem wirtschaftlich Berechtigten um eine politisch exponierte Person (PEP) handelt
- Einholung von Informationen über den Zweck und die angestrebte Art der Geschäftsbeziehung, soweit sich diese im Einzelfall nicht bereits zweifelsfrei aus der Geschäftsbeziehung ergeben, z. B. Kontoeröffnung
- Abklärung, ob der Vertragspartner für einen wirtschaftlich Berechtigten handelt, und, soweit dies der Fall ist, dessen Identifizierung
- kontinuierliche Überwachung der Geschäftsbeziehung einschließlich der in ihrem Verlauf durchgeführten Transaktionen

Art der Identifizierung

Die **Identifizierung des Vertragspartners** erfolgt

- bei natürlichen Personen durch den amtlichen Lichtbildausweis oder
- bei juristischen Personen oder Personengesellschaften durch Registerauszug bzw. Einsichtnahme in Register- oder Verzeichnisdaten.

Die **Identifizierungsdaten** sind aufzuzeichnen und **fünf Jahre aufzubewahren**.

Meldung von Verdachtsfällen

Tatsachen, die darauf schließen lassen, dass eine Finanztransaktion einer Geldwäsche (§ 261 StGB) oder der Terrorismusfinanzierung (§ 129 StGB) dient, sind vom **Geldwäschebeauftragten** des Kreditinstituts unverzüglich mündlich, fernmündlich oder durch elektronische Datenübertragung den zuständigen **Strafverfolgungsbehörden** und in Kopie dem **Bundeskriminalamt** – Zentralstelle für Verdachtmeldungen – **zu melden**.

Die **Finanztransaktion darf frühestens durchgeführt werden,**

- wenn dem Institut die Zustimmung der Staatsanwaltschaft übermittelt ist oder
- wenn der zweite Werktag nach dem Abgangstag der Anzeige verstrichen ist, ohne dass die Durchführung der Transaktion strafprozessual untersagt worden ist; der Sonnabend gilt nicht als Werktag.

Ausnahme: Ist ein Aufschub der Finanztransaktion nicht möglich, so darf diese durchgeführt werden; die Anzeige ist unverzüglich nachzuholen.

Der Auftraggeber der Finanztransaktion darf nicht über die Meldung informiert werden.

1.5 Onlinebanking

Der Kunde kann **Onlinebanking** nutzen durch

- Internetbanking (z.B. Microsoft, Mozilla Firefox),
- Homebanking-Programme (z.B. VR-NetWorld),
- Mobile Banking (z.B. Smartphone, Tablet-PC).

Sicherheitsverfahren beim Onlinebanking

- **eTAN plus:** Der Kunde legitimiert sich durch eine PIN und erhält bei jeder Transaktion unter Verwendung eines Taschenkartenlesers und einer Chip-Karte eine TAN, wenn er den auf der Online-Seite der Bank angegebenen Bankcode eingibt. Die TAN ist aus den Transaktionsdaten und einem geheimen Schlüssel in der Chip-Karte berechnet worden.
- **mobileTAN:** Der Kunde erhält per SMS die TAN, mit der er die Transaktion mittels PC autorisiert.
- **Sm@rt-TAN plus:** Zusammen mit der Debitkarte erzeugt der TAN-Generator für jeden Vorgang eine individuelle TAN.
- **photoTAN:** Der Kunde scannt eine farbige Grafik, die auf seinem PC-Monitor eingeblendet ist, mit dem Smartphone. Danach erzeugt die photoTAN-App aus den verschlüsselten Bilddaten die für einen Auftrag gültige TAN.
- **HBCI:** Die Autorisierung der Transaktion erfolgt unter Verwendung einer Chipkarte und eines Lesegeräts durch eine elektronische Signatur. Beim weitergehenden Service FinTS 4.0 wird eine fortgeschrittene Signatur erzeugt.

2 Nationaler Zahlungsverkehr

SEPA-Überweisung
- **Widerruf des Überweisungsauftrags**
- **Ausführungsfristen**

SEPA-Lastschrift
- **SEPA-Basis-Lastschriftverfahren**
- **SEPA-Firmen-Lastschriftverfahren**

Scheck
- **Scheckarten**
  - Art der Einlösung
    - Barscheck
    - Verrechnungsscheck
  - Art der Übertragung
    - Inhaberscheck
    - Orderscheck
- **Bestätigter BBk-Scheck**
- **Belegloser Scheckeinzug**
  - BSE
  - ISE

Debitkarten
- **Arten**
  - Maestro
  - V PAY
  - Cirrus
- **Nutzung**
  - Geldautomaten
  - Electronic Cash
  - GeldKarte

Kreditkarten
- **Arten**
  - Charge Cards
  - Credit Cards
  - Debit Cards
  - Prepaid Cards
- **Nutzung**
  - Geldautomaten
  - Bezahlterminals

Reisezahlungsmittel
- **Sorten**
- **Reiseschecks**
- Kreditkarte, Debitkarte

2.1 SEPA-Überweisung

Kernmerkmal der SEPA-Überweisung

Die **SEPA-Überweisung** ist ein Zahlungsinstrument für Transaktionen in EUR mit IBAN innerhalb Deutschlands, in andere EU-/EWR-Staaten sowie in die Schweiz und Monaco.

Widerruf eines Überweisungsauftrags

Nach dem **Zugang des Überweisungsauftrags** (z. B. Abgabe des Auftrags in den Geschäftsräumen oder Eingang auf dem Online-Banking-Server) kann der Auftrag **nicht mehr widerrufen** werden.

Ausführungsfristen

Die Bedingungen der Kreditinstitute sehen standardmäßig die Vereinbarung der gesetzlich **maximalen Ausführungsfrist** vor.

Das Institut des Auftraggebers hat sicherzustellen, dass der EUR-Überweisungsbetrag beim Institut des Zahlungsempfängers wie folgt eingeht:

- Beleglose Überweisung: max. 1 Geschäftstag
- Beleghafte Überweisung: max. 2 Geschäftstage

Die **Ausführungsfrist** beginnt mit dem Zeitpunkt des Zugangs des Überweisungsauftrags des Kunden beim Institut.

Wird die vom Kreditinstitut definierte **Annahmefrist** (z. B. 15:00 Uhr) überschritten, gilt die Überweisung als am nächsten Geschäftstag zugegangen. An diesem Tag beginnt die Ausführungsfrist.

Bei **Überweisungsaufträgen** in einer vom Konto des Kunden **abweichenden Währung** (z. B. Kontoführung in EUR, Überweisung in USD) beginnt die Ausführungsfrist erst an dem Tag, an dem der Überweisungsbetrag in der Auftragswährung vorliegt.

Überweisungsrückruf

Das Kreditinstitut des Zahlers kann in folgenden Fällen einen Überweisungsrückruf initiieren:

- Doppelausführung,
- technisches Problem, wodurch eine fehlerhafte Ausführung erfolgte,
- Betrug.

2.2 SEPA-Lastschrift

Kreditinstitute bieten ihren Kunden folgende **Lastschriftverfahren** an:

- SEPA-Basis-Lastschriftverfahren (mit zwei Produktausprägungen),
- SEPA-Firmen-Lastschriftverfahren.

Bei beiden Verfahren hat der Zahlungsempfänger im Wege der Vorabinformation (Pre-Notification) dem Zahler unter Angabe der Gläubiger-ID und der Mandatsreferenz spätestens 14 Kalendertage vor Fälligkeit (D-14) den Lastschrifteinzug anzukündigen. Bilateral kann auch eine kürzere Frist vereinbart werden.

SEPA-Basis-Lastschriftverfahren

Das **SEPA-Basis-Lastschriftverfahren** kann von Verbrauchern und Unternehmen genutzt werden. Es wird mit zwei unterschiedlichen **Produktausprägungen** angeboten:

- Standard-Lastschrift (CORE): D-5/D-2,
- Eil-Lastschrift (COR1): D-1 (auch als Euro-Eil-Lastschrift, COR1-Lastschrift oder Lastschrift mit verkürzter Vorlagefrist bezeichnet).

Kernmerkmale des SEPA-Basis-Lastschriftverfahrens

- Anwendung für Verbraucher und Unternehmen
- vorgegebenes Fälligkeitsdatum („Due Date")
- Verwendung eines einheitlichen Lastschriftmandatstextes (Autorisierung) und Vergabe einer Mandatsreferenz
- Angabe der Gläubiger-Identifikationsnummer („Creditor Identifier")
- Vorlagefrist für Standard-Lastschriften bei der Zahlstelle bei Erstlastschriften mindestens 5 Geschäftstage vor Fälligkeit (D-5) bzw. bei Folgelastschriften mindestens 2 Geschäftstage vor Fälligkeit (D-2), optional 1 Geschäftstag bei Eil-Lastschriften
- Rückgaben:
  - seitens der Zahlstelle bis maximal 5 Geschäftstage nach dem Belastungsdatum
  - vom Zahler bis zu acht Wochen nach Belastungsdatum im Falle einer autorisierten Zahlung
  - vom Zahler bis zu 13 Monate nach Kontobelastung im Falle einer unautorisierten Zahlung

Lastschriftsperren

Kreditinstitute bieten dem Zahler folgende Möglichkeiten von **Lastschriftsperren** an:

- Begrenzung von Lastschrifteinzügen auf einen bestimmten Betrag,
- Begrenzung von Lastschrifteinzügen auf eine bestimmte Periodizität (z. B. Monat, Vierteljahr),
- Blockierung sämtlicher Lastschriften auf das Zahlungskonto des Zahlers,
- Blockierung sämtlicher von einem oder mehreren genannten Zahlungsempfängern veranlasste Lastschriften (Negativeinträge),
- Autorisierung sämtlicher Lastschriften lediglich von einem oder mehreren genannten Zahlungsempfängern (Positiveinträge).

SEPA-Firmen-Lastschriftverfahren

Das **SEPA-Firmen-Lastschriftverfahren** kann nur von Unternehmen genutzt werden. Eine Nutzung dieses Verfahrens durch Verbraucher ist nicht möglich.

Kernmerkmale des SEPA-Firmen-Lastschriftverfahrens

- Anwendung nur für Unternehmen
- vorgegebenes Fälligkeitsdatum der Lastschrift („Due Date“)
- Verwendung eines einheitlichen Lastschriftmandatstextes (Autorisierung) und Freigabe des Mandats bei der Zahlstelle
- Vergabe einer Mandatsreferenz
- Angabe der Gläubiger-Identifikationsnummer („Creditor Identifier“)
- Vorlagefrist mindestens 1 Geschäftstag vor Fälligkeit
- Rückgaben:
  - seitens der Zahlstelle bis maximal 2 Tage nach dem Belastungsdatum
  - vom Zahler besteht keine Widerspruchsmöglichkeit bei autorisierten Zahlungen

2.3 Scheck

Scheckarten

nach der Einlösung

- Barscheck
- Verrechnungsscheck

nach der Übertragung

- Inhaberscheck
- Orderscheck

Der **Barscheck** enthält keinen Vermerk „Nur zur Verrechnung". Er kann vom jeweiligen Vorleger bar eingelöst werden.

Der **Verrechnungsscheck** enthält den Vermerk „Nur zur Verrechnung" und wird in der Regel dem Konto des Scheckeinreichers gutgeschrieben. Das bezogene Kreditinstitut darf den Scheck nicht bar einlösen, andere Kreditinstitute jedoch wohl.

Der **Inhaberscheck** trägt den Vermerk: „Zahlen Sie gegen diesen Scheck an ... oder Überbringer." Der Inhaberscheck kann formlos durch Einigung und Übergabe weitergegeben werden.

Der **Orderscheck** trägt den Vermerk: „Zahlen Sie gegen diesen Scheck an ... oder Order." Vor der Weitergabe des Schecks wird auf der Rückseite des Schecks ein Indossament vermerkt. Das bezogene Kreditinstitut muss vor der **Einlösung** die Lückenlosigkeit der Indossamentenkette und die Legitimation des Vorlegers prüfen.

Bestätigter Bundesbank-Scheck

Der **bestätigte Bundesbank-Scheck** ist ein Scheck, dessen **Einlösung** von der Deutschen Bundesbank **garantiert** wird. Benötigt ein Kunde einen bestätigten Bundesbank-Scheck, zieht das Kreditinstitut einen Scheck auf ihr Bundesbank-Girokonto, lässt ihn bestätigen und händigt ihn dem Kunden aus.

Acht Tage nach der Scheckausstellung erlischt die Einlösungsgarantie der Deutschen Bundesbank. Bis zu diesem Zeitpunkt wird der Scheck (Barscheck) von jeder Filiale der Deutschen Bundesbank bar eingelöst. Nach diesem Zeitpunkt wird der Scheck wie ein unbestätigter Scheck behandelt, d.h., er wird eingelöst, wenn kein Scheckwiderruf vorliegt.

15 Tage nach Ausstellung schreibt die Deutsche Bundesbank den Scheckbetrag dem BBk-Girokonto des Kreditinstituts gut, falls der Scheck bis zu diesem Zeitpunkt nicht zur Einlösung bei einer Stelle der Deutschen Bundesbank vorgelegt wurde.

Widerruf von Schecks

Der Scheckaussteller kann den Scheck rechtzeitig vor der Einlösung widerrufen, d.h., dass der Widerruf im Rahmen des ordnungsgemäßen Geschäftsablaufs berücksichtigt werden kann. Je nach Kreditinstitut ist die kostenpflichtige Schecksperre sechs Monate bzw. unbegrenzt gültig.

Belegloser Scheckeinzug

BSE-Verfahren

- Schecks bis unter 6 000,00 EUR, die auf inländische Kreditinstitute gezogen sind
- Erste Inkassostelle erfasst Scheckdaten auf EDV-Medien und zieht Scheckgegenwerte ein.
- Erste Inkassostelle verwahrt die Originalschecks und davon erstellte Kopien.

ISE-Verfahren

- Schecks ab 6 000,00 EUR, die auf inländische Kreditinstitute gezogen sind sowie nicht BSE-fähige Einzugspapiere
- Inkassostelle erzeugt einen Imagedatensatz durch Scannen von Vorder- und Rückseite des Schecks.
- Imagedatensatz und Clearingdatensatz werden der Deutschen Bundesbank eingereicht.
- Originalschecks verbleiben bei der ersten Inkassostelle.

2.4 Kartenzahlungen

Debitkarten

Debitkarten (girocards) werden von Kreditinstituten ausgegeben als

- Cirrus Card,
- Maestro Card,
- V PAY Card.

Debitkarten können genutzt werden als **Identifikationskarte**

- für weltweite Geldautomaten-Verfügungen (V PAY: europaweit), für electronic cash-Transaktionen und weltweite POS-Transaktionen im Maestro-System bzw. im Rahmen der EUR Alliance of Payment Schemes (V PAY: europaweit).
- im inländischen GeldKarte-System,
- zum Aufladen von GeldKarten und Handys an Geldautomaten,
- für die Inanspruchnahme von Serviceleistungen, z. B. Kontoauszugsdrucker, SB-Terminals, Ticketservice.

Haftung des Kontoinhabers bis zur Sperranzeige

Der **Kontoinhaber haftet für Schäden**, die bis zum Zeitpunkt der Sperranzeige entstanden sind bis **maximal 150,00 EUR**. Manche Bankengruppen verzichten auf diese Schadensbeteiligung, falls der Kunde (Verbraucher) seine Sorgfalts- und Mitwirkungspflichten nicht grob fahrlässig verletzt hat.

Hat der Kunde **grob fahrlässig** oder in **betrügerischer Absicht** gehandelt, trägt er den hierdurch entstandenen Schaden in vollem Umfang, jedoch maximal bis zu dem für die Karte geltenden Verfügungsrahmen.

Grobe Fahrlässigkeit des Karteninhabers liegt insbesondere vor, wenn

- die PIN auf der Debitkarte vermerkt oder zusammen mit der Debitkarte verwahrt wurde,
- die PIN einer anderen Person mitgeteilt und der Missbrauch dadurch verursacht wurde,
- er den Verlust, Diebstahl oder die missbräuchliche Verfügung dem Kreditinstitut oder dem Zentralen Sperrannahmedienst schuldhaft nicht unverzüglich mitgeteilt hat.

Haftung des Kontoinhabers ab Sperranzeige

Sobald dem Kreditinstitut oder dem Zentralen Sperrannahmedienst der Verlust bzw. Diebstahl der Karte oder die missbräuchliche Verwendung angezeigt wurde, haftet der Kunde nicht mehr für die danach entstehenden Schäden (Ausnahme: Kunde handelte in betrügerischer Absicht).

Geldautomaten

Geldautomaten sind Terminals, an denen je nach Funktionsumfang unter Eingabe der **PIN** mittels Debitkarten (girocards), Kreditkarten und Spar-Cards verfügt werden kann und Mobilfunk-Prepaid-Konten sowie Geld-Karten aufgeladen werden können.

Bargeldabhebungen mit girocards an deutschen Geldautomaten und Bezahltransaktionen mit girocards im electronic cash-System werden ausschließlich über den **Chip** verarbeitet, eine Magnetstreifenverarbeitung ist nicht möglich.

Kartenzahlungssysteme

Im electronic-Cash-System, im internationalen Maestro-System und im europäischen Cirrus- bzw. V PAY-System kann der Karteninhaber in Verbindung mit der **Debitkarte und PIN** an Terminals von Handels- und Dienstleistungsunternehmen bargeldlos zahlen.

Die **Zahlungen** sind für die Handels- und Dienstleistungsunternehmen **garantiert**. Der Kunde kann der Kontobelastung nicht widersprechen.

Die Zahlungsdaten werden vom Händler an die Rechenzentralen der Kreditinstitute weitergeleitet. Der Händler erhält die Gegenwerte gutgeschrieben, dem Karteninhaber wird der entsprechende Betrag auf seinem Girokonto belastet.

Electronic-Cash

Durch **Eingabe der PIN** werden bestimmte Daten im EMV-Chip der Debitkarte geprüft und gespeichert.

Die Autorisierung umfasst folgende Prüfvorgänge:

- Kontrolle der PIN,
- Echtheitsprüfung der Debitkarte,
- Speichern von Daten,
- Kontrolle verschiedener Parameter (Ladeverfügungsrahmen, Zeitraum).

Das Händlerentgelt kann frei vereinbart werden. Das **Interbankenentgelt** beträgt max. 0,2 % vom Umsatz.

Deutsche Bankkunden können mit ihrer Debitkarte an Kassenterminals im Ausland bezahlen, wenn das entsprechende Logo (V PAY, Maestro, Cirrus) auf Debitkarte und Terminal deckungsgleich ist.

Ebenso können ausländische Bankkunden ihre Debitkarten an deutschen Kassenterminals nutzen.

GeldKarte-System

Die GeldKarte ist eine vorausbezahlte elektronische Geldbörse, mit der an bestimmten Terminals (z. B. Automaten) insbesondere kleine Geldbeträge bargeldlos bezahlt werden können. Basis des GeldKarte-Systems ist ein auf einer Debitkarte oder kontoungebundenen Wertkarte aufgebrachter Chip.

Kernmerkmale des GeldKarte-Systems

Aufladen der GeldKarte	In Verbindung mit der PIN kann die GeldKarte an Ladeterminals und Geldautomaten der Kreditinstitute und an Internet-Kunden-Terminals bis max. 200,00 EUR aufgeladen werden. Das Entgelt für das Aufladen beträgt max. 1,00 EUR, an Terminals und Geldautomaten des kartenausgebenden Kreditinstituts erfolgt das Aufladen gebührenfrei.
Abwicklung der Kauftransaktion	Das Bezahlen erfolgt offline ohne PIN-Eingabe. Das Terminal prüft Kartenechtheit und Guthaben. Danach wird der Geldbetrag von der GeldKarte abgebucht.
Verrechnung der GeldKarten-Umsätze	Weiterleitung der Datensätze an die Evidenzzentralen. Veranlassen der Geldbuchungen. Fortschreiben der Börsensalden bei den Evidenzzentralen.
Interbankenentgelt	max. 0,2 %

girogo – kontaktloses Zahlen

Falls die GeldKarte mit einer girogo-Funktion ausgestattet ist, kann sie zum kontaktlosen Zahlen an entsprechenden Händlerterminals genutzt werden. Eine PIN-Eingabe ist nicht erforderlich.

Die Zahlung ist auf max. 20,00 EUR beschränkt und erfolgt aus dem in der GeldKarte gespeicherten Guthaben. Reicht das Guthaben für die Kleinbetragszahlung nicht aus, wird die GeldKarte am Terminal um einen bestimmten Ladebetrag aufgeladen.

Jugendschutzmerkmal

Nach dem **Jugendschutzgesetz** darf ein Zigarettenautomat in einem nicht kontrollierten Umfeld (Außenbereich) nur noch betrieben werden, wenn sichergestellt wird, dass ein Verkauf an unter **18-Jährige** unterbunden wird. In der GeldKarte ist deswegen das Geburtsdatum des Karteninhabers in verschlüsselter Form angebracht. Am Automaten kann das Geburtsdatum von einem Sicherheitsmodul ausgelesen und ausgewertet werden. Dabei wird das aus der Karte gelesene Datum mit dem aktuellen Datum und der Altersgrenze abgeglichen.

Kreditkarten

Kreditkarten von Visa, MasterCard, American Express, Diners Club können vom Karteninhaber genutzt werden

- zum bargeldlosen Bezahlen bei Vertragsunternehmen in Verbindung mit der Unterschrift bzw. PIN des Karteninhabers,
- zur Bargeldbeschaffung an Geldautomaten in Verbindung mit der PIN.

Das **Händlerentgelt** kann frei vereinbart werden. Das **Interbankenentgelt** beträgt max. 0,3 % vom Umsatz.

Kreditkartenzahlungen sind für die Akzeptanzstellen **garantiert**.

Der **Ertrag des Kreditinstituts** besteht aus der anteiligen Jahresgebühr und dem Domestic Interchange (Netto-Disagio) der Kartenumsätze, d.h. Händlerentgelt abzüglich der Aufwendungen für Processing-Leistungen.

Arten der Kreditkarten

Kreditkarten können nach verschiedenen **Abrechnungsarten** unterschieden werden.

Charge Cards	Die getätigten Umsätze werden in einem Zeitraum gesammelt und gemeinsam monatlich fällig. Die gesammelte Summe aller Umsätze wird dann dem Bankkonto des Karteninhabers belastet. Visa und Diners Club bieten für den Rechnungsausgleich auch die Möglichkeit der Überweisung an.
Credit Cards	Die Kreditkarten können zur Kreditinanspruchnahme genutzt werden. Der monatliche Saldo kann in einer Summe oder in Raten beglichen werden. Auf den nicht bezahlten Teil der Verbindlichkeiten werden Sollzinsen berechnet.
Debit Cards	Die Kartenumsätze werden täglich abgerechnet und dem Bankkonto des Karteninhabers unmittelbar belastet.
Prepaid Cards	Die Kartenumsätze werden jeweils vom aufgeladenen Guthaben im Chip der Karte abgesetzt.

Co-Branding-Karten

Co-Branding-Karten werden von Kreditkartengesellschaften zusammen mit Kreditinstituten und Nichtbanken emittiert, z.B. Lufthansa Miles & More Credit Card. Sie bieten den Karteninhabern bestimmte Zusatzleistungen.

Haftungsregeln bei Kreditkarten

Die Haftungsregeln bei Kreditkarten entsprechen grundsätzlich den entsprechenden Regeln für Debitkarten.

2.5 Reisezahlungsmittel

Zu den **Reisezahlungsmitteln** zählen

- Sorten (Noten und Münzen in fremder Währung),
- Debitkarten, Kreditkarten,
- Reiseschecks.

Reiseschecks (travelers cheques) ermöglichen die Bargeldbeschaffung bei Kreditinstituten und das bargeldlose Bezahlen bei Handels- und Dienstleistungsunternehmen. Sie sind zeitlich unbeschränkt gültig. Reiseschecks werden von den Kreditinstituten kommissionsweise verkauft. Sie können verwendet werden als EUR-Reiseschecks und als Fremdwährungsschecks.

Der **Ertrag** des Kreditinstituts besteht aus der

- Verkaufsprovision (meist 1 %) beim Verkauf der Reiseschecks,
- Einlösungsprovision (individuell) beim Ankauf der Reiseschecks.

Reiseschecks gelten als besonders sichere Reisezahlungsmittel, da eine **doppelte Unterschriftsleistung** des Erwerbers zu erfolgen hat:

- 1. Unterschrift beim Kauf in Gegenwart des Bankmitarbeiters,
- 2. Unterschrift bei Einlösung in Gegenwart des Empfängers.

Bei **Verlust des Reiseschecks** erhält der Kunde bei Vorlage des Avis (Kaufnachweises) volle Ersatzleistung vom Emittenten des Reiseschecks. Der Kunde hat den Emittenten unverzüglich über den Verlust zu informieren, bei Diebstahl zuzüglich die Polizei.

Reiseschecks sind in der Bankpraxis unbedeutend. American Express (Amex) hat die Ausgabe Ende 2015 eingestellt.

Barmittel ab 10 000,00 EUR sind bei grenzüberschreitenden Reisen (im Bereich der EU) **deklarierungspflichtig**.

3 Geld- und Vermögensanlagen

Einlagen

Arten
- Tagesgeldanlagen
- Termineinlagen
- Spareinlagen

Gläubigerschutz
- KWG
- Sicherungseinrichtungen

Staatliche Förderung der Vermögensbildung

- Anlagen nach dem Vermögensbildungsgesetz
- Anlagen nach dem Wohnungsbauprämiengesetz

Private Altersvorsorge

Bausparen

Phasen
- Sparphase
- Zuteilungsphase
- Darlehensphase

Zuteilungsvoraussetzungen
- Mindestsparzeit
- Mindestsparguthaben
- Bewertungszahl

Lebensversicherungen

Formen
- Risikolebensversicherung
- Kapitallebensversicherung
- Private Lebensversicherung

- Versicherungsprämie
- Rückkaufswert

Wertpapiere

Arten
- Anleihen
  - Bundeswertpapiere
  - Pfandbriefe
  - FRN
- Aktien
- Investmentanteile

- Wertpapierbörsen
- Anlegerschutz
- Abwicklung von Orders
- Depotgeschäft

3.1 Einlagen bei Kreditinstituten

Tagesgeldanlagen

Tagesgeldanlagen sind durch folgende Merkmale gekennzeichnet:

- Guthaben auf dem Tagesgeldkonto (Geldmarktkonto) können täglich gekündigt werden.
- Tagesgeldkonten dienen ausschließlich der Geldanlage, für den Zahlungsverkehr können sie nicht genutzt werden.
- Die variable Verzinsung orientiert sich an den Geldmarktzinssätzen.
- Tagesgeldkonten sind insbesondere eine Alternative zu Geldmarktfonds.

Termingeldeinlagen

Termingeldkonten sind in der Regel **Festgeldkonten**, sie sind durch folgende Merkmale gekennzeichnet:

- Die Fälligkeit wird von vornherein vereinbart,
- die Festlegungsfristen betragen einen, drei, sechs und zwölf Monat(e),
- die feste Verzinsung orientiert sich an den Geldmarktzinssätzen.

Spareinlagen

Spareinlagen sind durch folgende Merkmale gekennzeichnet:

- Sie sind durch Ausfertigung einer Urkunde (z. B. Sparbuch, SparCard) gekennzeichnet.
- Sie sind nicht für den Zahlungsverkehr bestimmt.
- Sie können vom positiv umschriebenen Einlegerkreis angelegt werden.
- Sie dürfen nicht von vornherein befristet sein.
- Sie weisen eine Kündigungsfrist von mindestens drei Monaten auf.

Verzinsung von Spareinlagen

- Die Verzinsung beginnt mit dem Tag der Einzahlung und endet mit dem der Rückzahlung vorhergehenden Kalendertag. Dabei wird der Monat mit 30 Zinstagen und das Jahr mit 360 Zinstagen berechnet.
- Der Tag der Kündigung gilt als erster Tag der Kündigungsfrist.
- Die Zinsen werden im Voraus vom Valutatag bis zum Jahresende berechnet, bei Abhebungen werden die Zinsen vom Valutatag bis zum Jahresende zurückgerechnet.

- Die Spareinlagen werden einschließlich Cent verzinst.
- Die Kapitalisierung der Zinsen erfolgt zum Jahresende bzw. bei Auflösung des Sparkontos.

Verfügungen über Spareinlagen

Spareinlagen sind grundsätzlich erst nach Kündigung und Ablauf der Kündigungsfrist fällig. Dabei gilt als versprochene Leistung

- bei gekündigten Spareinlagen der durch Kündigung nach Ablauf der Kündigungsfrist fällige Betrag,
- bei ungekündigten Spareinlagen mit einer Kündigungsfrist von drei Monaten der Freibetrag von 2 000,00 EUR je Sparkonto und Kalendermonat.

Über **kapitalisierte Zinsen** kann der Kunde innerhalb von zwei Monaten nach Gutschrift verfügen. Danach unterliegen die Zinsen der vereinbarten Kündigungsregelung.

Bei **Nichteinhalten der Kündigungsfrist** darf das Kreditinstitut ein **Vorfälligkeitsentgelt** (Vorschusszinsen) berechnen.

Verfügungen über Spareinlagen sind nur gegen Vorlage der Sparurkunde möglich. **Ausnahmen:** Daueraufträge zugunsten eines anderes Sparkontos, Belastungen wegen fälliger Forderungen des Kreditinstituts, z. B. Wertpapierkauf.

Verfügungen über Spareinlagen sind ferner nur als Barauszahlung möglich, Überweisungen können nur in Ausnahmefällen genehmigt werden.

3.2 Gläubigerschutz bei Kreditinstituten

Gläubigerschutzbestimmungen des KWG

Nach den Vorschriften des **KWG** müssen die Kreditinstitute

- über **angemessene Eigenmittel** verfügen (Solvabilitätsverordnung),
- ihre Mittel so anlegen, dass jederzeit eine **ausreichende Zahlungsbereitschaft** gewährleistet ist (Liquiditätsverordnung).

Nach der **Solvabilitätsverordnung** (**SolvV**) werden die **Geschäftsrisiken** eines Kreditinstituts durch **angemessene Eigenmittel** begrenzt.

Die **Eigenmittel** eines Kreditinstituts (Handelsbuchinstitut) werden unterschieden nach

- verfügbarem modifiziertem Eigenkapital und
- Drittrangmittel.

Die **Geschäftsrisiken** eines Kreditinstituts (Handelsbuchinstitut) umfassen

- Adressrisiken (AR),
- operationelle Risiken (opR),
- Marktrisiken (MR).

Ein Kreditinstitut verfügt über **angemessene Eigenmittel**, wenn es täglich zum Geschäftsabschluss sowohl die Eigenkapitalanforderungen für Adressrisiken und für das operationelle Risiko sowie die Eigenmittelanforderungen für Marktrisiken einhält (§ 2 (1) SolvV).

Dabei haben die Kreditinstitute eine **Gesamtkennziffer (GK)** zu ermitteln. Sie stellt eine Vergleichsgröße dar, die die Eigenkapitalausstattung in einer einzigen Zahl (mindestens 8 %, bis 2019 auf 10,5 % steigend) ausdrückt:

$$\textbf{GK} = \frac{\text{anrechenbare Eigenmittel} \cdot 100}{12{,}5 \cdot (\text{AR} + \text{opR} + \text{MR})}$$

Nach der **Liquiditätsverordnung (LiqV)** sind die Kreditinstitute verpflichtet, ihre Mittel so anzulegen, dass jederzeit eine **ausreichende Zahlungsbereitschaft** gewährleistet ist. Dabei werden die vorhandenen Zahlungsmittel den fälligen Zahlungsverpflichtungen in einzelnen Zeitintervallen gegenübergestellt. Sind die Zahlungsmittel mindestens gleich hoch wie die Zahlungsverpflichtungen, besitzt das Kreditinstitut im Regelfall eine ausreichende Liquidität.

Insgesamt sind **vier Laufzeitbänder** vorgesehen. Dabei darf die **Liquiditätskennzahl** den **Wert 1 nicht unterschreiten**. Für die übrigen drei Laufzeitbänder müssen nur Beobachtungskennzahlen ermittelt werden.

$$\textbf{Liquiditätskennzahl} = \frac{\text{verfügbare Zahlungsmittel}}{\text{abrufbare Zahlungsverpflichtungen}}$$

Sicherungseinrichtungen der Kreditinstitute

Das Einlagensicherungsgesetz (EinSiG) sieht vor, dass bei Insolvenz eines Kreditinstituts die Kundeneinlagen **bis zu 100 000,00 EUR** je Einleger zu entschädigen sind. Die Sicherungseinrichtungen der Kreditinstitute lassen sich unterscheiden nach

- Einlagensicherung (privates Bankgewerbe) und
- Institutssicherung (Sparkassen, Volks- und Raiffeisenbanken).

Einlagensicherung des privaten Bankgewerbes

Das private Bankgewerbe gehört der **Entschädigungseinrichtung deutscher Banken GmbH** an. Sie sichert die Einlagen der Anleger bis maximal 100 000,00 EUR.

Fast alle privaten Banken gehören zusätzlich dem **Einlagensicherungsfonds** an. Er sichert die Einlagen je Gläubiger bis zur Höhe von 20 % der Eigenmittel der jeweiligen Bank.

Institutssicherung der Sparkassen und der Volks- und Raiffeisenbanken

Die Institutssicherung dieser Kreditinstitute beinhaltet:

- den gesetzlichen Einlagenschutz, d. h. 100 000,00 EUR je Einleger,
- den zusätzlichen Einlagenschutz ohne betragliche Begrenzung,
- den Institutsschutz, d. h. die Aufgabe, drohende oder bestehende wirtschaftliche Schwierigkeiten bei den ihnen angeschlossenen Instituten abzuwenden.

3.3 Staatliche Förderung der Vermögensbildung

Anlagen nach dem Vermögensbildungsgesetz

Geförderte Anlagen, die von den Kreditinstituten angeboten werden, sind:

- **Bausparen:** maximal 470,00 EUR je Kalenderjahr
- **Beteiligungssparen:** maximal 400,00 EUR je Kalenderjahr

Beteiligungssparen bedeutet in der Bankpraxis den Abschluss eines Investmentsparvertrags, wobei der Wert der Aktien des jeweiligen Fonds 60 % des Fondsvermögens nicht unterschreiten darf.

Die **Arbeitnehmer-Sparzulage** beträgt beim

- **Bauparen** 9 %,
- **Beteiligungssparen** 20 %.

Dabei darf das **zu versteuernde Einkommen** im Jahr der Sparleistung bestimmte Grenzen nicht übersteigen:

- **Bausparen:** Alleinstehende 17 900 EUR
  Verheiratete 35 800 EUR

■ **Beteiligungssparen:**	Alleinstehende	20 000 EUR
	Verheiratete:	40 000 EUR

Die **Sperrfrist** von sieben Jahren beginnt beim

- **Bausparen:** Datum des Vertragsabschlusses,
- **Beteiligungssparen**: am 1. Januar des Jahres der ersten Einzahlung.

Zulagenunschädliche vorzeitige Verfügungen

- Arbeitnehmer oder sein Ehegatte ist nach Vertragsabschluss gestorben oder völlig erwerbsunfähig geworden
- Arbeitnehmer hat nach Vertragsabschluss geheiratet und es sind mindestens zwei Jahre seit Beginn der Sperrfrist verstrichen
- Arbeitnehmer ist nach Vertragsabschluss arbeitslos geworden, die Arbeitslosigkeit bestand mindestens ein Jahr lang ununterbrochen und besteht noch zum Zeitpunkt der vorzeitigen Verfügung
- Arbeitnehmer setzt den Erlös innerhalb der folgenden drei Monate unmittelbar für die eigene Weiterbildung oder für die seines Ehegatten ein und die Maßnahme wird außerhalb des Betriebes, dem der Arbeitnehmer oder dessen Ehepartner angehört, durchgeführt
- Arbeitnehmer gibt nach Vertragsabschluss die nichtselbstständige Tätigkeit zugunsten einer selbständigen Tätigkeit auf

Anlagen nach dem Wohnungsbauprämiengesetz

Unbeschränkt steuerpflichtige natürliche Personen ab 16 Jahren, deren **zu versteuerndes Einkommen** im Jahr der Sparleistung bestimmte Grenzen (**Alleinstehende: 25 600,00 EUR, Eheleute 51 200,00 EUR**) nicht übersteigt, können für den Sparhöchstbetrag von

- 512,00 EUR bei Alleinstehenden und
- 1 024,00 EUR bei Eheleuten

eine **Wohnungsbauprämie** in Höhe von **8,8 % des Sparbetrags** erhalten, wenn das **Bausparguthaben** (Vertragsabschluss ab 01.01.2009) für **wohnwirtschaftliche Zwecke** (z. B. Kauf einer Immobilie) verwendet wird.

Ausnahme: Bausparer hat bei Vertragsabschluss das 25. Lebensjahr noch nicht vollendet; er kann nach Ablauf von 7 Jahren nach Vertragsabschluss ohne Zweckbindung verfügen.

Staatlich geförderte private Altersvorsorge (Riester-Rente)

Geförderter Personenkreis

Förderberechtigt sind alle Personen, die Pflichtversicherte der gesetzlichen Rentenversicherung oder Empfänger von Besoldung/Amtsbezügen sind und der unbeschränkten Steuerpflicht in der Bundesrepublik Deutschland unterliegen:

- rentenversicherungspflichtige Arbeitnehmer und Selbstständige
- Pflichtversicherte der Alterssicherung der Landwirte
- Bezieher von Lohnersatzleistungen (Arbeitslosengeld, Krankengeld)
- Mütter und Väter während anzurechnender Kindererziehungszeiten
- Wehr- und Zivildienstleistende
- geringfügig Beschäftigte bei Verzicht auf Versicherungsfreiheit
- Bezieher von Vorruhestandsgeld
- Empfänger von Besoldung (Beamte) und diesen gleichgestellte Personen

Einen **Förderanspruch** haben auch **Ehegatten**, die selbst nicht zum geförderten Personenkreis gehören, wenn sie einen auf ihren Namen lautenden Altersvorsorgevertrag abschließen und der andere Ehegatte selbst förderberechtigt ist.

Altersvorsorgeverträge

Im Rahmen von Altersvorsorgeverträgen werden folgende Altersvorsorgeprodukte angeboten:

- Banksparpläne
- private Rentenversicherungen
- fondsgebundene Rentenversicherungen
- Investmentfondssparpläne

Voraussetzungen für die Zertifizierung von Altersvorsorgeverträgen

Die geförderten Altersvorsorgeverträge benötigen eine Zertifizierung der Bundesanstalt für Finanzdienstleistungsaufsicht (BaFin) und müssen folgende Kernmerkmale aufweisen:

- Garantie des eingezahlten Kapitals zu Beginn der Auszahlungsphase
- Auszahlungsbeginn frühestens nach Vollendung des 62. Lebensjahres (Verträge ab 2012)
- Auszahlung in Form einer lebenslangen Leibrente oder eines Auszahlplans mit anschließender lebenslanger Teilkapitalverrentung ab dem 85. Lebensjahr; Ausnahme: einmalige Teilkapitalauszahlung von bis zu 30 % des zu Beginn der Auszahlphase zur Verfügung stehenden Kapitals
- der Anleger muss vor Vertragsabschluss über die Höhe und Verteilung der Abschluss- und Vertriebskosten, Kosten der Vermögensverwaltung und Kosten bei Wechsel zu einem anderen Produkt informiert werden

- der Anleger ist darüber zu informieren, wie sich sein Altersvorsorgevermögen aufgrund einer festgelegten Rate bei einer theoretischen durchschnittlichen Verzinsung von 2, 4 und 6 % p. a. entwickeln würde, dabei muss auch ausgewiesen werden, welches Guthaben im Falle eines Anbieterwechsels zum jeweiligen Jahresende vorhanden wäre
- der Anleger ist jährlich in schriftlicher Form über die Beitragsverwendung, die Kapitalbildung sowie die Kosten und Erträge zu informieren

Beiträge und Zulagen

Der **Gesamtbeitrag auf einen Altersvorsorgevertrag** setzt sich aus dem

- Eigenbetrag des Anlegers und
- den Zulagen (Grundzulage, Kinderzulage) zusammen.

Um eine ungekürzte Zulage zu erhalten, muss der Anleger einen **Mindesteigenbeitrag** (Eigenbetrag abzüglich der Zulage) leisten, welcher sich an dessen sozialversicherungspflichtigem Einkommen, Amtsbezügen oder Besoldung des Vorjahres orientiert. Der Mindesteigenbeitrag darf jedoch bestimmte Untergrenzen (Sockelbeiträge) nicht unterschreiten.

Grund- und Kinderzulage

Veranlagungszeitraum	Grundzulage (jährlich)	Kinderzulage pro Kind (jährlich)
seit 2008	154,00 EUR 200,00 EUR einmalig für Sparer, die zu Beginn das 25. Lebensjahr noch nicht nicht vollendet haben	185,00 EUR 300,00 EUR für nach dem 31.12.2007 geborene Kinder

Mindesteigenbeiträge

Veranlagungszeitraum	Beiträge
seit 2008	4 % (max. 2 100,00 EUR) des Vorjahreseinkommens, abzüglich der jeweiligen Zulagen

Sockelbeitrag

Der Anleger hat einen **Sockelbeitrag** von mindestens **60,00 EUR** zu zahlen. Bei Eheleuten ist der Sockelbetrag getrennt festzustellen. Mittelbar begünstigte Ehepartner müssen einen Beitrag von mindestens 60,00 EUR pro Beitragsjahr leisten, um eine eigene Altersvorsorgezulage zu erhalten.

Steuerliche Förderung – Sonderausgabenabzug

Neben der direkten Zulagenförderung können eigenständig Begünstigte die geleisteten Eigenbeiträge und die erhaltenen Zulagen als Sonderausgaben (max. 2 100,00 EUR) steuerlich geltend machen. Das zuständige Finanzamt prüft im Rahmen der **„Günstigerprüfung"**, ob die Steuerersparnis dabei höher ist als die dem Anleger gutgeschriebenen Zulagen. Bei einem positiven Ergebnis erhält der Anleger eine Einkommensteuerrückerstattung. Der Höchstbetrag für die Anrechnung von Sonderausgaben beträgt ab 2012 für Ehepaare, von denen nur ein Ehepartner zum unmittelbar begünstigten Personenkreis zählt, 2 160,00 EUR.

Schädliche Verwendung

Bei einer schädlichen Verwendung sind Zulagen und Steuererstattungen zurückzuzahlen. Eine schädliche Verwendung liegt vor, wenn

- Altersvorsorgevermögen ganz oder teilweise ausgezahlt wird (Ausnahme: Kleinbetragsrenten) oder
- Altersvorsorgevermögen an die Erben ausgezahlt wird.

Kapitalentnahme bei Wohneigentum

Zur Finanzierung von Wohneigentum kann das geförderte Kapital entweder vollständig entnommen werden oder nur dann teilweise, wenn das verbleibende geförderte Kapital einen Betrag von 3.000,00 EUR nicht unterschreitet. Es müssen mindestens 3.000,00 EUR entnommen werden.

3.4 Bausparen

Der Bausparvertrag wird über eine bestimmte **Bausparsumme** abgeschlossen. Sie umfasst das anzusammelnde Bausparguthaben und die Höhe des Darlehensanspruchs.

Der **Bauspartarif** regelt die Höhe

- des Darlehensanspruchs,
- des Guthabenzinssatzes in der Sparphase und des Darlehenszinssatzes in der Darlehensphase,
- der Zins- und Tilgungsraten in der Darlehensphase,
- des Mindestsparguthabens.

Die **Phasen des Bausparens** lassen sich untergliedern in

- Sparphase,
- Zuteilungsphase,
- Darlehensphase.

Die Zuteilungsvoraussetzungen für den Erhalt des Bauspardarlehens sind

- Mindestsparzeit,
- Mindestsparguthaben,
- Bewertungszahl.

Das **Bauspardarlehen** darf nur für **wohnwirtschaftliche Zwecke** verwendet werden, z. B.

- Kauf oder Bau einer Immobilie,
- Ablösung von Wohnungsbaudarlehen,
- Erwerb von Erbbaurechten,
- Erwerb von Wohnrechten in Senioren-Wohnheimen.

3.5 Lebensversicherungen

Die **Formen der Lebensversicherung** sind

- Risikolebensversicherung,
- Kapitallebensversicherung auf den Todes- und Erlebensfall,
- private Rentenversicherung.

Die **Versicherungsprämie** ist abhängig von

- der Versicherungssumme und Laufzeit der Versicherung,
- dem Eintrittsalter und dem Gesundheitszustand des Versicherten.

Der **Rückkaufswert** ist der Betrag, den der Versicherungsnehmer bei vorzeitiger Kündigung des Lebensversicherungsvertrages ausgezahlt erhält. Der Versicherungsnehmer erhält sein Deckungskapital (einschließlich Überschussbeteiligungen) abzüglich eines Abschlags zurück. Der Rückkaufswert gilt auch als Orientierungsgröße bei der Beleihung einer Lebensversicherung. Das Versicherungsunternehmen muss die Abschluss- und Vertriebskosten beziffern und offenlegen. Die Abschlusskosten der Lebensversicherung werden bei einer Kündigung auf die ersten 5 Jahre verteilt. Der Versicherungsnehmer ist an den stillen Reserven (Bewertungsreserven) zu beteiligen.

3.6 Anlagen in Wertpapieren

Kernmerkmale von Anleihen

Der **Inhaber der Anleihe** hat einen Anspruch auf:

- Rückzahlung des Nennwerts
- Zinsen

Verzinsung von Anleihen

Hinsichtlich der Verzinsung von Anleihen kann unterschieden werden zwischen

- **Anleihen mit variablem Nominalzins** (Floating Rate Notes),
- **Anleihen mit festem Nominalzins** (Straight Bonds).

Bei **Anleihen ohne Zinsschein** (Zerobonds) werden während der Laufzeit keine Zinszahlungen geleistet. Der Zinsertrag ergibt sich aus der Differenz zwischen Rückzahlungskurs und Emissionskurs.

Zerobonds werden meist mit einem Abschlag (Disagio) auf den Nennwert emittiert und zum Laufzeitende zum Kurs von 100 % (zu pari) zurückgezahlt.

Bei **inflationsindexierten Anleihen** werden der Zinssatz und der Rückzahlungsbetrag an die Inflationsrate angepasst. Der Anleger erhält so eine Realrendite.

Sicherheit von Anleihen

Zur Beurteilung der Sicherheit von Anleihen nutzen die Kreditinstitute die Bonitätsnoten der Ratingagenturen von Moody's, Standard & Poor's.

Bonitätsnoten der Ratingagenturen (Auszug)

Moody`s	Standard & Poor`s	Definition
Aaa	AAA	Beste Qualität, geringstes Ausfallrisiko
Aa1, Aa2, Aa3	AA+, Aa, AA-	Hohe Qualität, aber etwas größeres Risiko als die Spitzengruppe
A1, A2, A3	A+, A, A-	Gute Qualität, aber etwas anfälliger für negative Auswirkungen im Umfeld
Baa1, Baa2, Baa3	BBB+, BBB, BBB-	Mittlere Qualität, aber mangelnder Schutz gegenüber einer sich verändernden Wirtschaftsentwicklung

Risiken bei Anlagen in Anleihen

Neben den Basisrisiken von Vermögensanlagen gelten für Anlagen in Anleihen folgende spezielle Risiken:

- Bonitätsrisiko
- Kündigungsrisiko
- Zinsänderungsrisiko
- spezifische Risiken einzelner Anleiheformen

Zinsniveau und Kursveränderungen

Die Kursveränderungen der Anleihe sind insbesondere abhängig von der Veränderung des Zinsniveaus am Kapitalmarkt:

- Je stärker das Zinsniveau fällt, umso stärker steigt der Kurs einer Anleihe, die mit einem festen Nominalzins ausgestattet ist.
- Je stärker das Zinsniveau steigt, umso stärker fällt der Kurs einer Anleihe, die mit einem festen Nominalzins ausgestattet ist.

Je länger die Restlaufzeit, desto größer ist die Kursveränderung.

Die **Emissionsverfahren** bei Anleihen lassen sich unterscheiden nach:

- Syndizierung
- Fixpreisverfahren
- Pot-Verfahren
- Tenderverfahren
- Online-Auktion

Bundeswertpapiere

Die **Arten der Bundeswertpapiere** sind:

- Bundesanleihen
- Bundesobligationen
- Bundesschatzanweisungen
- Unverzinsliche Schatzanweisungen

Über Ausgabezeitpunkt, Konditionen und Emissionvolumen der Bundewertpapiere entscheidet die **Finanzagentur des Bundes**.

Die **Zinsberechnung** bei Bundeswertpapieren erfolgt kalendergenau (actual/actual 365 bzw. 366 Tage). Ausnahme: Bundesanleihen mit variabler Verzinsung.

Bundeswertpapiere können bei Kreditinstituten erworben werden. Ein vorzeitiger Verkauf ist jederzeit über die Börse möglich.

Pfandbriefe

Pfandbriefe können nach dem Pfandbriefgesetz (PfG) von allen inländischen Kreditinstituten emittiert werden, wenn folgende **Mindestanforderungen** erfüllt werden:

- Das Kreditinstitut muss ein Kernkapital von mindestens 25 Mio. EUR nachweisen.
- Das Kreditinstitut muss geeignete Regelungen und Instrumente zur Steuerung, Überwachung und Kontrolle der Risiken für die Deckungsmasse nachweisen.

Die **Erlaubnis zum Betreiben des Pfandbriefgeschäfts** ist bei der BaFin zu beantragen. Jeder Pfandbriefemittent muss einen Treuhänder bestellen. Der Treuhänder prüft, ob die vorschriftsmäßige Deckung jederzeit vorhanden ist.

Floating Rate Notes

Der **Zinssatz der Floating Rate Notes (FRN)** wird meist in Abständen von drei oder sechs Monaten an einen **Referenzzinssatz des Geldmarktes** angepasst:

- Libor (London Interbank Offered Rate),
- Euribor (European Interbank Offered Rate).

Der Börsenkurs der FRN bewegt sich aufgrund der periodischen Zinsanpassungen immer nahe um 100 %.

Beim **Reverse Floater** wird ein fester Zinssatz vereinbart, von dem nach einer vorgegebenen Frist ein Referenzzinssatz (Libor, Euribor) abgezogen wird. Der Börsenkurs der Reverse Floater reagiert bei Änderung des Marktzinsniveaus je nach Laufzeit erheblich.

Aktien

Aktien können Nennbetragsaktien oder Stückaktien (Regelfall) sein:

- **Nennbetragsaktien** lauten auf mindestens 1,00 EUR.
- **Stückaktien** haben einen rechnerischen Nennwert (Division des Grundkapitals durch die Anzahl der ausgegebenen Aktien).

Kernmerkmale von Aktien

Rückkauf von Aktien	Eine AG hat die Möglichkeit, bis zu 10 % der eigenen Aktien zu kaufen. Sie benötigt dazu die Ermächtigung der HV, die auf höchstens 18 Monate befristet sein darf.
Squeeze-out	Ein Mehrheitsaktionär, dem mindestens 95 % der stimmberechtigten Aktien gehören, kann beim Landgericht Frankfurt am Main die Übertragung der übrigen stimmberechtigten Aktien gegen Gewährung einer angemessenen Abfindung durch Gerichtsbeschluss beantragen (§ 39 WpÜG).
Leerverkäufe von Aktien	Beim Leerverkauf von Aktien leiht sich der Anleger bei einem Händler oder einem Kreditinstitut Aktien gegen eine Gebühr und verkauft die Aktien an der Börse. Fällt der Aktienkurs, kauft er die Aktien zu einem niedrigen Preis an der Börse zurück und überträgt sie wieder dem Verleiher.

Die **Arten der Aktien** können unterschieden werden nach:
- Art der Übertragung (Inhaber- und Namensaktien)
- Umfang des verbrieften Rechts (Stamm- und Vorzugsaktien)

Besondere Aktien sind: Berichtigungsaktien, Belegschaftsaktien, junge Aktien, Globalaktien.

Risiken bei Anlage in Aktien

Neben den Basisrisiken bei Vermögensanlagen gelten für Aktien folgende spezielle Risiken:
- unternehmerisches Risiko
- Dividendenrisiko
- Risiko der Kursprognose
- Kursänderungsrisiko
- Psychologie der Marktteilnehmer

Die **Emissionsverfahren** lassen sich unterscheiden nach:
- Bookbuildung-Verfahren
- Auktionsverfahren
- Festpreisverfahren

Beim **Bookbuildung-Verfahren** erfolgt die zeitnahe Preisfindung unter Einbeziehung der Investoren. Es hat bei den Emissionsverfahren den höchsten Marktanteil.

Beurteilung von Aktien

Kapitalerhöhungen bei Aktiengesellschaften werden unterschieden nach:
- Kapitalerhöhung gegen Einlagen
- Bedingte Kapitalerhöhung
- Schaffung von genehmigtem Kapital
- Kapitalerhöhung aus Gesellschaftsmitteln

Zur Beurteilung von Aktien stehen verschiedene Kennzahlen und Analyseverfahren zur Verfügung.

Kennzahlen zur Aktienbewertung

Kurs-Gewinn-Verhältnis (KGV)	Börsenkurs geteilt durch den geschätzten Gewinn pro Aktie
Price-Earning to Growth-Ratio (PEG)	KGV geteilt durch das jährliche Gewinnwachstum in Prozent
Kurs-Umsatz-Verhältnis (KUV)	Börsenkurs geteilt durch den geschätzten Umsatz pro Aktie
Kurs-Cashflow-Verhältnis (KCV)	Börsenkurs durch den geschätzten Cashflow pro Aktie
Dividendenrendite	Nettodividende pro Aktie geteilt durch den Aktienkurs
Kurs-Buchwert-Verhältnis (KBV)	Börsenkurs geteilt durch Buchwert pro Aktie

Die **Methoden der Aktienanalyse** lassen sich unterscheiden nach:

- Fundamentalanalyse (Konjunktur-, Zins- und Währungsprognosen, Länder-, Branchen- und Unternehmensanalyse)
- technische Analyse (Chartanalyse, Indikatorenmethoden)
- quantitative Analyse (Portfolioanalyse, Bewertungsmodelle, Prognosemodelle)

Investmentanteile

Anlegerinformationen

Dem Erwerber von Investmentanteilen ist vor Vertragsabschluss der ausführliche **Verkaufsprospekt** der Investmentgesellschaft (Kapitalverwaltungsgesellschaft - KVG) kostenlos und unaufgefordert anzubieten. Ferner erhält der Anleger jeweils einen **Jahresbericht**. Im Jahresbericht muss die Gesamtkostenquote (**Total Expense Ratio – TER**) angegeben werden. Der Anleger ist ferner über Vertriebsprovisionen und Kick-back-Zahlungen zu informieren.

Preise und Kurse von Investmentanteilen

Die **Preise für Investmentanteile** werden auf Basis des aktuellen Fondsvermögens börsentäglich ermittelt. No-Load-Fonds haben keinen Ausgabeaufschlag.

Ein **Börsenkurs** wird für Exchange Traded Funds (ETF) ermittelt.

An den **Börsen** Hamburg-Hannover, Düsseldorf, München, Frankfurt und Stuttgart werden die **Fondsanteile der größeren Investmentgesellschaften** gehandelt. Ein Ausgabeaufschlag entfällt. Es wird lediglich ein Spread (Differenz zwischen An- und Verkaufskurs) berechnet.

Investmentsparpläne

Investmentsparpläne ermöglichen eine regelmäßige Anlage in Fondsanteilen mittels Lastschriftverfahren. **Kernmerkmale** von Investmentsparplänen sind:

- Vorteile bei der Berechnung des Ausgabeaufschlags bzw. Rücknahmeabschlags
- Preisnachlässe bei der Wiederanlage von Erträgen
- Anlagen nach dem 5. Vermögensbildungsgesetz
- Cost-Average-Effekt (günstiger Durchschnittserwerbspreis)

Fondskategorien

Das **KAGB** (Kapitalgesetzbuch) unterscheidet zwischen **OGAW-Fonds** (Organismus für gemeinsame Anlage in Wertpapieren) und **AIF-Fonds** (Alternative Investmentfonds).

OGAW-Fonds

Geldmarktfonds	Geldmarktinstrumente (z. B. Tagesgeld, U-Schätze)
Aktienfonds	Anlage von mind. 51 % in Aktien
Dachfonds	Anlage von mind. 51 % in Zielfonds
Garantiefonds	Aktien, Renten mit Kurssicherung gegen Verluste
Indexfonds	Abbildung eines Index (z. B. DAX) zu mind. 95 %
Emerging-Market-Fonds	Aktien aus Schwellenländern

AIF-Fonds

Zu den **Publikums-AIF** gehören Gemischte Investmentvermögen, Sonstige Investmentvermögen, Dach-Hedgefonds und offene Immobilienfonds.

Zu den **Spezial-AIF** zählen Private-Equity-Fonds sowie die übrigen geschlossenen Fonds. Diese dürfen nur von professionellen oder semi-professionellen Anlegern erworben werden.

3.7 Wertpapierbörsen

Teilmärkte der Frankfurter Wertpapierbörse (FWB)	
Aktien	- General Standard - Prime Standard - Entry Standard
Anleihen	- Bonds - Select Bonds - Prime Bonds
Fondsanteile	- Xetra Traded Funds (XTF) - Xetra Active Funds (XAF)

Transparenzstandards

General Standard	Gesetzliche Mindestanforderungen - Jahresfinanzbericht und Halbjahresfinanzbericht nach IFRS - Ac-hoc-Publizität - Offenlegung von Directors' Dealings - Publikation in Deutsch oder Englisch
Prime Standard	Zusatzanforderungen - Komplette Berichterstattung in Deutsch und Englisch - Veröffentlichung eines Unternehmenskalenders im Internet - Mindestens eine Analystenkonferenz pro Jahr

Der **Handel in Wertpapieren** erfolgt an der Frankfurter Wertpapierbörse (FWB) in folgenden Handelssystemen bzw. Handelsservices:
- Xetra: elektronisches Handelssystem
- Xetra Best: Handelsservice, mit der Banken Aufträge ihrer Kunden gegeneinander – preisgünstiger – ausführen können.
- Xetra Funds: Handel von Exchange Traded Funds und Xetra Active Funds

Die **Kursfeststellung in Xetra** erfolgt durch:
- Preisfeststellung in der Auktion
- Preisfeststellung im fortlaufenden Handel

Börsenindizes der Deutschen Börse AG und der STOXX Ltd.

DAX	30 umsatzstärkste Aktien
MDAX	50 Aktien, die den 30 DAX-Werten folgen
SDAX	50 Werte kleinerer und mittelständischer Unternehmen
TecDAX	30 Werte der Technologie-Branche
GEX	eigentümergeführte Werte
DivDAX	15 DAX-Werte mit der höchsten Dividendenrendite
CDAX	alle Werte aus Prime Standard und General Standard
Midcap Market	Werte aus MDAX und TecDAX
HDAX	Werte aus DAX, MDAX und TecDAX
EUR STOXX 50	50 wichtigste Aktien aus Ländern des Eurosystems
STOXX 50	50 wichtigste Aktien aus Ländern Westeuropas
RDAX	Anleihen von DAX-Unternehmen
REX	30 idealtypische Staatspapiere mit bestimmten Laufzeiten und Coupons
PEX	30 idealtypische Pfandbriefe mit bestimmten Laufzeiten und Coupons
EUR BOX	Staatsanleihen aus den Ländern des Eurosystems

3.8 Anlegerschutz

Jede Anlageberatung in Finanzinstrumenten gegenüber Privatkunden muss schriftlich protokolliert werden.

Inhalt des Beratungsprotokolls (Protokoll nach WpHG):

- Anlass der Anlageberatung, z. B. Eheschließung
- Dauer des Beratungsgesprächs
- der Beratung zugrunde liegende Information, z. B. finanzielle Verhältnisse sowie Kenntnisse und Erfahrungen des Kunden mit bestimmten Arten von Finanzinstrumenten
- die vom Kunden geäußerten wesentlichen Anliegen und deren Gewichtung sowie etwaige widerstreitende Interessen des Kunden
- erteilte Informationen über die Finanzinstrumente und Wertpapierdienstleistungen, die Gegenstand der Anlageberatung sind

- erteilte Empfehlungen und die für diese Empfehlungen genannten wesentlichen Gründe
- Unterschrift des Anlageberaters

Das Beratungsprotokoll ist dem Kunden grundsätzlich vor Geschäftsabschluss zur Verfügung zu stellen.

Bei Kaufempfehlungen in einem Finanzinstrument ist dem Kunden ein **Produktinformationsblatt (PIB)/Basisinformationsblatt** zur Verfügung zu stellen. Beim Erwerb von EU-Investmentanteilen ist dem Kunden die **wesentliche Anlegerinformation** (wAI) zur Verfügung zu stellen.

3.9 Abwicklung von Wertpapierorders

Wertpapierorders müssen folgende **Daten** enthalten:
- International Securities Identification Number (ISIN),
- Umfang und Gültigkeitsdauer des Auftrags,
- Angaben zum Kurs (unlimitiert oder limitiert),
- Ausführungsplatz und Handelsart, z. B. Xetra, Börse München,
- Name und Anschrift des Auftraggebers, Depot- und Verrechnungskonto,
- Datum und Zeitpunkt der Auftragserteilung.

Gültigkeitsdauer der Orders in Xetra

Falls keine Weisungen über die Gültigkeitsdauer vorliegen, gilt:
- Preislich unlimitierte Aufträge gelten nur für einen Börsentag (Tagesorder).
- Preislich limitierte Aufträge sind bis zum letzten Börsentag des laufenden Monats gültig (Ultimo-Order). Aufträge, die am letzten Börsentag eines Monats eingehen und nicht mehr gleichtägig ausgeführt werden können, werden für den nächsten Monat vorgemerkt.

3.10 Depotgeschäft

Depotgeschäfte

Geschlossenes Depot
- Vermietung von Schrankfächern
- Annahme von Verwahrstücken

Offenes Depot
- Verwahrung und Verwaltung von Wertpapieren (Effekten)

Beim **offenen Depot** sind folgende **Verwahrarten** zu unterscheiden:

Sammelverwahrung	Der Hinterleger erhält ein Miteigentum am Wertpapiersammelbestand. Sammelverwahrfähig sind effektive Stücke, Globalurkunden, Wertrechte und Sammelschuldbuchforderungen.
Sonderverwahrung	Der Hinterleger ist Alleineigentümer an den eingelieferten Wertpapieren. Sonderverwahrfähig sind effektive Stücke. Die Sonderverwahrung ist in der Bankpraxis unüblich.

Im Rahmen der **Drittverwahrung** können die Kreditinstitute Wertpapiere ihrer Kunden ohne besondere Ermächtigung unter ihrem eigenen Namen einem Drittverwahrer (z. B. Clearstream Banking AG) anvertrauen.

Im Rahmen der **Wertpapierrechnung** erhalten Kunden, deren Wertpapiere im Ausland verwahrt werden, unter Angabe des jeweiligen Lagerortes eine Gutschrift. Eigentümer des jeweiligen Wertpapiers ist das gutschrifterteilende deutsche Kreditinstitut.

Dienstleistungen der Kreditinstitute

Die depotführenden Kreditinstitute übernehmen im Rahmen des Depotgeschäfts verschiedene Dienstleistungen, u. a.:

- Mitteilungen an Aktionäre, deren Aktien sie verwahren, z. B. Einberufen der Hauptversammlung und Bekanntmachung der Tagesordnung. Dabei ist auf die Möglichkeit der Ausübung des Stimmrechts durch einen Bevollmächtigten hinzuweisen (z. B. International Shareholders Services – ISS).
- Erteilen von Depotauszügen
- Trennung, Inkasso und Gutschrift fälliger Zins- und Gewinnanteilscheine

Stimmrechtsvertretung durch Kreditinstitute

Die Stimmrechtsvertretung kann durch folgende Vollmachten erfolgen:

Einzelvollmacht	Sie gilt für depotverwahrte Aktien eines Unternehmens für eine HV.
Generelle Vollmacht	Sie gilt für alle depotverwahrten Aktien bis auf Widerruf.

4 Besondere Finanzinstrumente und Steuern

Finanzinstrumente

- Arten
  - Genussscheine
  - Optionsanleihen
  - Optionsscheine
  - Aktienanleihen
- Arten
  - Indexzertifikate
  - Discountzertifikate
  - Futures
  - Optionen

Besteuerung von Kapitalvermögen

- Abgeltungsteuer
  - Freistellungsauftrag
  - NV-Bescheinigung
- Steuererhebung
  - Verlustverrechnung
  - Wahlveranlagung
  - Sparer-Pauschbetrag

Kunden- und Anlegerschutz

- Prüfungspflichten
  - Geeignetheitsprüfung
  - Angemessenheitsprüfung
- Produktinformationsblatt
- Wesentliche Anlegerinformationen
- Basisinformationsblatt
- Kundeninformationen
  - Allgemeine Anforderungen

4.1 Genussscheine

Gemeinsames Merkmal der Genussscheine ist, dass sie keine gesellschaftlichen Mitwirkungsrechte verbriefen, d. h. keine Teilnahme an der HV, kein Stimmrecht.

Die **Genussscheintypen** lassen sich unterscheiden nach aktienähnlichen Merkmalen und anleiheähnlichen Merkmalen.

Die **Arten der Genussscheine** lassen sich folgendermaßen unterteilen:

- Genussschein mit fester Verzinsung
- Genussschein mit ertragsabhängiger Ausschüttung
- Genussschein mit Wandelrecht
- Genussschein mit Optionsrecht.

Das durch die Ausgabe von Genussscheinen beschaffte Kapital hat **Eigenkapitalcharakter**, falls

- es dem Unternehmen langfristig oder unbefristet zur Verfügung steht,
- der Inhaber des Genussscheins am Gewinn und am Verlust beteiligt ist
- und der Inhaber des Genussscheins im Insolvenzfall nachrangig gegenüber anderen Gläubigern befriedigt wird.

Die **speziellen Risiken von Genussscheinen** sind:

- Ausschüttungsrisiko
- Kündigungsrisiko
- Rückzahlungsrisiko
- Haftungsrisiko

4.2 Optionsanleihen

Die **Optionsanleihe** besteht aus der Schuldverschreibung und den dazugehörigen Optionsscheinen, die dem Inhaber das Recht verbriefen,

- innerhalb der Optionsfrist
- eine bestimmte Anzahl von Aktien
- zu einem bestimmten Preis (Basispreis) zu beziehen.

Börsennotierungen

Optionsanleihe mit Optionsschein (m. O.; cum)	Rentenhandel
Optionsanleihe ohne Optionsschein (o. O.; ex)	Rentenhandel
Optionsschein allein (warrant)	Optionsscheinhandel

4.3 Optionsscheine von Kreditinstituten

Optionsscheine sind selbstständige Wertpapiere, die von Kreditinstituten emittiert werden.

Der **Inhaber des Optionsscheins** hat das Recht,

- eine bestimmte Anzahl (Optionsverhältnis) des Basiswertes (Underlying)
- zu einem im Voraus festgelegten Basispreis (Strike)
- innerhalb eines festgelegten Zeitrahmens (Optionsfrist)
- zu kaufen (Call) oder zu verkaufen (Put)
- oder sich den inneren Wert des Optionsscheins auszahlen zu lassen.

Käufer eines Call-Optionsscheins erwarten steigende Preise des Basiswertes.

Käufer eines Put-Optionsscheins erwarten sinkende Preise des Basiswertes.

Bewertungskriterien für Optionsscheine sind:

- innerer Wert
- Aufgeld
- Hebel
- Zeitwert
- Break-even-Punkt

Innerer Wert

Der innere Wert ergibt sich aus der Differenz zwischen dem Basispreis und dem Kurs des Basiswertes, wobei das Optionsverhältnis als Faktor (z. B. 0,5 bei einer Aktie für zwei Optionsscheine) zu berücksichtigen ist.

„In the money"	Kurs des Basiswertes beim Call (Put) liegt über (unter) dem Basispreis.
„At the money"	Kurs des Basiswertes und Basispreis sind identisch.
„Out of the money"	Kurs des Basiswertes beim Call (Put) liegt unter (über) dem Basispreis.

Faustregel für den Anleger

Optionsschein ist:

- „In the money“ (im Geld) ⟶ Ausübung sinnvoll
- „At the money“ (am Geld) ⟶ Ausübung bringt keinen Gewinn bzw. Verlust
- „Out of the money“ (aus dem Geld) ⟶ Ausübung nicht sinnvoll

Zeitwert

Der **Zeitwert** eines Optionsscheins errechnet sich aus der Differenz zwischen Optionsscheinkurs und innerem Wert. Die **Höhe des Zeitwertes** wird wesentlich von der Restlaufzeit des Optionsscheins sowie von der Volatilität des Basiswertes bestimmt. Ein Optionsschein verliert unweigerlich an Zeitwert, bis dieser am Ende der Laufzeit gleich null ist.

Optionspreis

Innerer Wert

- Call: Preis des Basiswertes minus Basispreis
- Put: Basispreis minus Preis des Basiswertes

Zeitwert

- Optionspreis minus innerer Wert

Aufgeld

Das **Aufgeld** gibt bei einem **Call-Optionsschein** an, um wie viel teurer der Erwerb des Basiswertes durch Kauf und sofortige Ausübung des Optionsrechts zum Betrachtungszeitpunkt gegenüber dem direkten Erwerb des Basiswertes ist.

Bei einem **Put-Optionsschein** gibt das Aufgeld an, um wie viel teurer der Verkauf des Basiswertes durch Kauf und sofortige Ausübung des Optionsrechts zum Betrachtungszeitpunkt gegenüber dem direkten Verkauf des Basiswertes ist.

Ermitteln des Aufgelds beim Call-Optionsschein

$$\textbf{Aufgeld:} \frac{\text{Basispreis} + (\text{Kurs Optionsschein} \cdot \text{Optionsverhältnis} - \text{Aktienkurs}}{\text{Aktienkurs}} \cdot 100$$

Faustregel: Je niedriger das Aufgeld, desto attraktiver der Optionsschein.

Hebel

Der **Hebel** eines Optionsscheins charakterisiert das Verhältnis von demjenigen Kapitalbetrag, der zum Kauf des entsprechenden Basiswertes aufgewendet werden müsste und dem für den Kauf des Optionsscheins notwendigen Kapital.

$$\textbf{Hebel} = \frac{\text{Aktienkurs}}{\text{Kurs Optionsschein} \cdot \text{Optionsverhältnis}}$$

Risiken bei Optionsscheinen

- Verlustrisiko durch Kursveränderungen des Basiswertes, Veränderungen der Volatilität des Basiswertes und durch Zeitverfall,
- Risiko der Hebelwirkung, der Wertminderung und des Totalverlustes sowie der fehlenden Möglichkeiten der Verlustbegrenzung,
- Emittentenrisiko,
- Einfluss von Nebenkosten auf die Gewinnchance,
- Währungsrisiko.

4.4 Aktienanleihen

Der **Emittent der Aktienanleihe** entscheidet am Ausübungstag, ob er die Anleihe am Fälligkeitstag

- zum Nennwert des Wertpapiers zurückzahlt oder
- eine im Voraus bestimmte Anzahl von Aktien liefert.

Der Anleger erhält in jedem Fall den Nominalzins, der meist deutlich über dem jeweiligen Marktzins liegt.

Aktienanleihen im Vergleich

	Aktienanleihe (Reverse Convertible)	Wandelanleihe (Convertible)	Umtauschanleihe (Exchangeable)
Emittent	Kreditinstitut	AG	Kreditinstitut
Wandlung	in fremde Aktien	in eigene Aktien	in fremde Aktien
Wandlungs-/Rückzahlungsrecht	Emittent	Anleger	Anleger
Laufzeit	1–2 Jahre	5–10 Jahre	1,5–5 Jahre
Verzinsung	über Marktzins	unter Marktzins	unter Marktzins

Aktienanleihen bieten sich für die Anleger an, die mit sich seitwärts bewegenden Aktienkursen rechnen.

Mit Aktienanleihen gewinnt,

- wer auf eine Aktie gesetzt hat, deren Kurs am Ausübungstag dem Basispreis entspricht oder nur knapp darüberliegt.
- wer Aktien erhält, die nur wenig unter dem Basispreis notieren, sodass nur ein geringer Teil des Zinsvorteils aufgezehrt wird.
- wer die Anleihe während der Laufzeit mit einem Kursgewinn verkauft.
- wenn der Aktienkurs zwischen dem Ausübungstag und dem Fälligkeitstag über den Basispreis steigt.

4.5 Indexzertifikate

Indexzertifikate sind Schuldverschreibungen, deren Preis vom Index einer Börse abhängt. Laufende Zinszahlungen erhält der Anleger nicht. Die **Wertentwicklung des Indexzertifikats** folgt der Bewegung des zugrunde liegenden Index, z. B. DAX.

Indexzertifikate haben meist eine **unbegrenzte Laufzeit**, der Emittent behält sich jedoch ein Kündigungsrecht vor. Die Zertifikate werden börslich und/oder außerbörslich gehandelt. Bei Rückgabe oder bei Fälligkeit (selten) erfolgt eine Zahlung in Höhe des Abrechnungsbetrags, der sich nach dem Stand des zugrunde liegenden Index richtet.

Indexzertifikate sind insbesondere für Anleger geeignet, die statt einer einzelnen Aktie lieber einen Gesamtmarkt kaufen. Gegenüber Indexfonds liegen die Vorteile insbesondere in den niedrigeren Kosten und in der Transparenz. Nachteilig kann sein, dass Indexzertifikate auf ein aktives Management verzichten. Im Fall einer Baisse kann nicht gegengesteuert werden.

Spezielle Risiken bei Indexzertifikaten:

- Kursänderungsrisiko
- Emittentenrisiko
- Risiko des Wertverfalls
- Korrelationsrisiko

4.6 Discountzertifikate

Das **Discountzertifikat** wird im Vergleich zum zugrunde liegenden Basiswert (z. B. Aktie) mit einem **Discount** (Abschlag) ausgegeben, da der Wertzuwachs durch einen festgelegten **Cap** (Höchstgrenze) begrenzt ist.

Rückzahlungsbedingungen:

- Überschreitet der Preis des Basiswertes am festgelegten Stichtag den Cap oder sind beide Beträge identisch, erhält der Anleger den vereinbarten Auszahlungsbetrag in bar.
- Unterschreitet der Preis des Basiswertes zum festgelegten Stichtag den Cap, erfolgt ein Barausgleich oder die Lieferung des Basiswertes. Der Wert dieser Lieferung entspricht dabei dem aktuellen Marktwert des Basiswertes.

Discountzertifikate eignen sich insbesondere für Anleger, die für die nächste Zeit eine moderate Kursentwicklung des Basiswertes erwarten.

Spezielle Risiken bei Discountzertifikaten

- Kursänderungsrisiko
- Korrelationsrisiko
- Risiko der Lieferung des Basiswertes
- Emittentenrisiko

4.7 Futures

Financial-Futures sind standardisierte, börsenmäßig gehandelte Finanzterminkontrakte. Sie beinhalten die Pflicht,

- eine bestimmte Menge eines Basiswertes (z. B. Aktienindex)
- zu dem am Handelstag vereinbarten Preis (Future-Preis)
- zu dem am Handelstag vereinbarten späteren Zeitpunkt (Fälligkeit)
- zu liefern (Short-Positon)
- oder abzunehmen (Long-Position).

Da der **Basiswert** nicht physisch lieferbar ist, wird ein Barausgleich (Cash-Settlement) vereinbart.

Grundpositionen:

- Long-Position:
  Erwartung steigender Kurse
- Short-Position:
  Erwartung sinkender Kurse

Handlungsalternativen

Erfüllung des Kontrakts bei Fälligkeit

- Der Käufer zahlt den Future-Preis.
- Der Verkäufer liefert den Basiswert.

Glattstellung des Futures durch ein Gegengeschäft

- Long-Position: Der Käufer verkauft einen gleichen Future.
- Short-Position: Der Verkäufer kauft einen gleichen Future.

4.8 Optionen

Eine Option ist das Recht,

- eine bestimmte Menge des Kontraktgegenstandes (Basiswert)
- innerhalb eines bestimmten Zeitraums (Laufzeit)
- zu einem bei Vertragsabschluss vereinbarten Preis (Basispreis)
- zu kaufen (Call) oder zu verkaufen (Put)
- oder dieses Recht verfallen zu lassen.

Der **Inhaber der Option** hat ein Recht auf Erfüllung, der **Stillhalter der Option** ist zur Erfüllung verpflichtet. Der Inhaber zahlt dem Stillhalter eine Optionsprämie.

Grundpositionen

Call

- Inhaber = Long Call – bullish
- Stillhalter = Short Call – bearish

Put

- Inhaber = Long Put – bearish
- Stillhalter = Short Put – bullish

bullish: Anleger schätzt Wertentwicklung des Basiswertes positiv ein

bearish: Anleger schätzt Wertentwicklung des Basiswertes negativ ein

Handlungsalternativen

Eröffnung

Eine neue Position wird durch eine Kauf- oder Verkaufstransaktion begründet.

Glattstellung

Ein Marktteilnehmer kann seine Position jederzeit glattstellen, indem er Optionen derselben Serie kauft bzw. verkauft.

Preisbestimmende Faktoren des Optionspreises sind:

- Aktienkurs
- Basispreis
- Restlaufzeit
- Volatilität
- kurzfristige, risikofreie Zinssätze
- Höhe der Dividendenausschüttungen

4.9 Besteuerung von Kapitalvermögen

Einnahmen aus Kapitalvermögen

Abgeltungsteuer

Private Kapitaleinkünfte werden einheitlich mit einer Kapitalertragsteuer in Form der **Abgeltungsteuer** von **25 %** zuzüglich 5,5 SolZ und ggf. Kirchensteuer belastet.

Positive Einnahmen aus Kapitalvermögen sind:

- Zinsen, Dividenden, Investmenterträge
- vereinnahmte Stückzinsen und Zwischengewinne
- Gewinne aus dem Verkauf, der Einlösung oder Rückzahlung von Wertpapieren, die nicht dem steuerlichen Bestandsschutz unterliegen

Negative Einnahmen aus Kapitalvermögen sind:

- gezahlte Stückzinsen und Zwischengewinne
- Verluste aus dem Verkauf, der Einlösung oder Rückzahlung von Wertpapieren, die nicht dem steuerlichen Bestandsschutz unterliegen

Verlustverrechnung

- Verluste aus Aktienverkäufen können nur mit Gewinnen aus Aktienverkäufen verrechnet werden.
- Sonstige Verluste (z. B. aus dem Verkauf von Fondsanteilen) können auch mit Gewinnen aus Aktienverkäufen verrechnet werden.

Die Verluste werden im Aktienverlusttopf bzw. im sonstigen Verlusttopf (z. B. gezahlte Stückzinsen) erfasst.

Wahlveranlagung

- Liegt der individuelle Steuersatz unter dem Abgeltungsteuersatz, kann der Steuerpflichtige seine Einkünfte im Rahmen der ESt-Erklärung zum **individuellen Steuersatz** versteuern. Dabei wird die einbehaltene Abgeltungsteuer berücksichtigt.
- Der Steuerpflichtige kann eine Steuerfestsetzung zum **Abgeltungsteuersatz von 25 %** beantragen, falls bestimmte Tatbestände beim Steuerabzug nicht berücksichtigt wurden, z. B. Sparer-Pauschbetrag wurde nicht vollständig ausgeschöpft.

Sparer-Pauschbetrag

Der **Sparer-Pauschbetrag** beträgt

- 801,00 EUR für Alleinstehende,
- 1 602,00 EUR für zusammen veranlagte Ehegatten bzw. Lebenspartner.

Bis zur Höhe des Sparer-Pauschbetrags sind positive Einnahmen aus Kapitalvermögen steuerfrei.

Freistellungsauftrag und Nichtveranlagungsbescheinigung

Falls der Kunde einen **Freistellungsauftrag** (FSA) erteilt, wird auf die Einbehaltung der Abgeltungsteuer bis zur Höhe des maximalen **Freistellungsvolumens** (801,00 EUR/1 602,00 EUR) verzichtet.

Legt der Kunde eine **Nichtveranlagungsbescheinigung** (NV-Bescheinigung) vor, wird auf die Einbehaltung der Abgeltungsteuer ohne Betragsgrenzen verzichtet.

Das Kreditinstitut meldet dem BZSt die tatsächliche Inanspruchnahme des erteilten Freistellungsvolumens sowie seine persönlichen Daten. Bei Vorlage einer NV-Bescheinigung werden die ohne Einbehalt ausgezahlten Kapitalerträge gemeldet.

Zinsinformationsverordnung

Kreditinstitute sind verpflichtet, **Zinserträge von EU-Ausländern** dem BZSt zu melden. Das BZSt gibt die Informationen an die ausländischen Steuerbehörden weiter. Nicht meldepflichtig sind u. a. Dividendenzahlungen, Gewinne aus privaten Veräußerungsgeschäften, Erträge aus Lebensversicherungen.

4.10 Kunden- und Anlegerschutz

Prüfungspflichten

Nach dem WpHG sind bei der Anlageberatung sowie beim beratungsfreien Geschäft verschiedene Prüfungspflichten zu beachten.

Im Rahmen der **Geeignetheitsprüfung** ist zu prüfen, ob die Anlage für den Kunden geeignet ist. Folgende Fragen sind zu stellen:

- Entspricht das Geschäft den Anlagezielen des Kunden?
- Sind die Anlagerisiken für den Kunden finanziell tragbar?
- Ist der Kunde mit seinen Kenntnissen und Erfahrungen in der Lage, die Anlagerisiken zu verstehen?

Im Rahmen der **Angemessenheitsprüfung** ist zu prüfen, ob die Anlage für den Kunden angemessen ist:

- Ist der Kunde mit seinen Kenntnissen und Erfahrungen in der Lage, die mit dem Geschäft einhergehenden Anlagerisiken zu verstehen?
- Warnhinweis, falls dies nicht der Fall ist. Falls der Kunde seine Anlageentscheidung trotzdem aufrechterhält, kann der Auftrag ausgeführt werden.

Kundeninformationen

Kundeninformationen müssen redlich, verständlich und eindeutig erteilt werden:

- Informationen entsprechend dem Kunden- und Produktprofil
- ausgewogene Darstellung von Chancen und Risiken
- ausreichende und verständliche Information

Produktinformationsblatt (PIB)

Das PIB ist dem Privatkunden bei Kaufempfehlungen in einem Finanzinstrument auszuhändigen. Es muss leicht verständliche Informationen enthalten, sodass der Kunde

- die Art des Finanzinstruments,
- seine Funktionsweise,
- die damit verbundenen Risiken,

- die Aussichten für die Kapitalrückzahlung und Erträge unter verschiedenen Marktbedingungen und
- die mit der Anlage verbundenen Kosten

einschätzen und mit den Merkmalen anderer Finanzinstrumente vergleichen kann.

Wesentliche Anlegerinformationen (wAI)

Die **wAI** sind dem Kunden beim Erwerb von EU-Investmentanteilen auszuhändigen. Die wAI enthalten **Informationen** über

- Ziele und Anlagepolitik,
- Risiko- und Ertragsprofil,
- Kosten, z. B. Ausgabeaufschlag, erfolgsabhängige Vergütung,
- Wertentwicklung in der Vergangenheit und Wertentwicklungsszenarien für strukturierte Fonds,
- praktische Informationen, z. B. Angabe der zuständigen Aufsichtsbehörde.

In den ersten 35 Arbeitstagen ist ein aktualisiertes Dokument zu veröffentlichen. Unterjährig ist eine Anpassung notwendig, wenn sich Informationen, die im Dokument ausgegeben werden, wesentlich ändern.

Beispiele:

- Namensänderungen
- Veränderungen der Kostenstruktur
- Anpassungen der Anlagepolitik

Bei den **wAI für Immobilienfonds** wird nicht das Risiko- und Ertragsprofil ausgewiesen, sondern die verbale Darstellung der wesentlichen Risiken des Produkts.

Basisinformationsblatt

Das **Basisinformationsblatt** ist dem Kunden beim Erwerb von strukturierten Finanzprodukten, Derivaten sowie geschlossenen und offenen Investmentfonds vor Vertragsabschluss auszuhändigen.

Es enthält insbesondere Informationen zu den Risiken des Anlageprodukts. Zu den Produkten sind ein Gesamtrisikoindikator sowie verschiedene Performance-Szenarien darzustellen.

5 Privatkredite

Privatkredite
- **Kreditarten**
  - Dispositionskredit
  - Ratenkredit
- **Finanzierungsart**
  - Pkw-Leasing

Bearbeitung
- **Kreditprüfung**
  - Scoring-Verfahren
- **Kreditüberwachung**
  - Frühwarnsystem

Verbraucherschutz
- **Pflichtangaben in Ratenkreditverträgen**
- **Widerrufsrecht beim Verbraucherdarlehen**

Kreditsicherheiten
- **Akzessorische Sicherheiten**
  - Bürgschaft
  - Pfandrecht
- **Fiduziarische Sicherheiten**
  - Sicherungsabtretung
  - Sicherungsübereignung

Not leidende Kredite
- **Erlangen eines vollstreckbaren Titels**
  - Zwangsvollstreckung
  - Eidesstattliche Versicherung
- **Verbraucherinsolvenzverfahren**
  - Vier-Stufen-Verfahren

5.1 Dispositionskredit

Der Dispositionskredit ist ein **eingeräumter Überziehungskredit**, über den der Privatkunde auf seinem Girokonto frei bis zu einer vereinbarten Kreditlinie disponieren kann.

Ein **geduldeter Überziehungskredit** entsteht, wenn der Kunde

- ohne Einräumung einer Kreditlinie oder
- über eine eingeräumte Kreditlinie hinaus

Verfügungen vornimmt, die vom Kreditinstitut akzeptiert werden. Eine geduldete Überziehung setzt bei Verbrauchern eine Rahmenvereinbarung voraus, in der bereits die Möglichkeit einer Saldoüberschreitung gegen Entgelt vorgesehen sein muss.

5.2 Ratenkredit

Der Ratenkredit ist ein **Verbraucherdarlehen**, das dem Privatkunden in Form eines Darlehens in einer Summe zur Verfügung gestellt wird und in festen monatlichen Raten getilgt wird.

Der Ratenkredit wird meist in einem Betrag zur Verfügung gestellt, die Laufzeit beträgt üblicherweise ein bis sechs Jahre.

Die Kreditkonditionen lassen sich unterteilen in Zinsen (Festzins oder variabler Zins) und Bearbeitungsgebühr.

Der Zinssatz bemisst sich nach dem Ergebnis des Scorings (siehe Kap. 5.4), das die Ausfallwahrscheinlichkeit vorhersagen soll.

Drei-Wege-Finanzierung

Variante 1: Rückgabe des Fahrzeugs	Bei Vertragsabschluss wird dem Kreditnehmer zugesichert, dass das Auto zurückgenommen wird. Der Konzernpartner zahlt für den Kreditnehmer den Rückkaufpreis zur Anrechnung auf die Schlussrate. Der Vertrag kann so gestaltet werden, dass der Rückkaufpreis mit der Schlussrate identisch ist.
Variante 2: Anschlussfinanzierung	Der Kreditnehmer nutzt sein Auto weiter. Über die Schlussrate wird ein neuer Finanzierungsvertrag mit entsprechenden Monatsraten abgeschlossen.
Variante 3: Ablösung der Schlussrate	Der Kreditnehmer zahlt nach Auslaufen des Finanzierungsvertrags die Schlussrate und wird zum Eigentümer des Fahrzeugs.

5.3 Pkw-Leasing

Der **Leasinggeber** (Leasinggesellschaft) ist Eigentümer des Pkw und behält während der Leasinglaufzeit den Kfz-Brief. Der **Leasingnehmer** (Privatkunde) als Besitzer des Pkw trägt die Unterhaltungskosten, der Abschluss einer Vollkaskoversicherung ist obligatorisch.

Bei den **Leasingverträgen** wird unterschieden zwischen

- Leasing mit Restwertabschreibung und
- Leasing mit Kilometerabrechnung.

Privatkunden können die monatlichen Leasingprämien steuerlich nur geltend machen, wenn der Pkw für betriebliche Zwecke genutzt wird (z. B. Selbstständige, Freiberufler).

5.4 Bearbeitung von Privatkrediten

Kreditprüfung

Kernmerkmal des Kreditentscheidungsprozesses ist das **Scoring**. Das Scoring dient der Klassifizierung

- der Bonität des Kreditnehmers und/oder
- des Kreditrisikos eines einzelnen Geschäfts (Produktscoring).

Bei der Ermittlung der **Bonität des Kreditnehmers** wird beurteilt, inwieweit der Kreditnehmer in der Lage sein wird, alle ausstehenden Forderungen vollständig und termingerecht zu begleichen. Dies ist das sogenannte **Bonitätsrating,** das als Ergebnis die Bonitätsklasse und die ihr zugeordnete **Ausfallwahrscheinlichkeit** liefert.

Bei der Ermittlung des **Kreditrisikos** eines einzelnen Geschäfts (Produktscoring) wird beurteilt, inwieweit der Kreditnehmer in der Lage ist, gerade dieses einzelne Geschäft vertragsgerecht zu bedienen. In die Beurteilung fließen dabei auch spezielle Kriterien zur Bewertung des Kreditproduktes ein, z. B. Beleihungsauslauf bei der Baufinanzierung.

Produktscorings erfolgen als Kontokorrent-, Ratenkredit- und Baufinanzierungsscorings.

Im Rahmen der Kreditprüfung wird stets auch die **Kapitaldienstfähigkeit** ermittelt.

Kapitaldienstfähigkeit

	Monatliche Einnahmen, z. B. Nettoeinkommen, Kindergeld
–	Monatliche Ausgaben, z. B. Miete, Lebenshaltungskosten, Pkw-Kosten
=	Kapitaldienstgrenze

Kreditüberwachung

Die Kreditüberwachung erfolgt beim

- Dispositionskredit durch ein kundenbezogenes Frühwarnsystem oder
- Ratenkredit durch die Kontrolle der regelmäßigen Ratenzahlungen.

Im Bedarfsfall ergreift das Kreditinstitut folgende Maßnahmen:

- Stundung
- Umschuldung
- Tilgungsstreckung
- Hereinnahme zusätzlicher Sicherheiten

5.5 Verbraucherschutz

Verbraucherdarlehen

Verbraucherdarlehen sind Kredite ab 200,00 EUR an natürliche Personen für private Zwecke. Die Vorschriften gelten auch für Existenzgründungsdarlehen, sofern der Nettodarlehensbetrag 75 000,00 EUR nicht übersteigt.

Bei Verbraucherdarlehensverträgen gilt die Schriftform.

Vorvertragliche Pflichtangaben in Verbraucherdarlehensverträgen

Nr. 1	Name und Anschrift des Darlehensgebers
Nr. 2	Darlehensart
Nr. 3	effektiver Jahreszins
Nr. 4	Nettodarlehensbetrag
Nr. 5	Sollzinssatz
Nr. 6	Vertragslaufzeit
Nr. 7	Betrag
Nr. 8	Anzahl und Fälligkeit der einzelnen Teilzahlungen
Nr. 9	Gesamtbetrag

Nr. 10	Auszahlungsbedingungen
Nr. 11	alle sonstigen Kosten
Nr. 12	Verzugszinssatz
Nr. 13	Warnhinweis zu den Folgen ausbleibender Zahlungen
Nr. 14	Bestehen oder Nichtbestehen eines Widerrufrechts
Nr. 15	Rechte des Darlehensgebers zur vorzeitigen Darlehensrückzahlung
Nr. 16	Hinweis auf das Recht auf Verlangen eines Vertragsentwurfs
Nr. 17	datenschutzrechtlicher Hinweis

Widerrufsrecht beim Verbraucherdarlehen

Der Verbraucher kann seine auf Vertragsabschluss gerichtete Willenserklärung **innerhalb von zwei Wochen** widerrufen; der Widerruf muss in Textform oder durch Darlehensrückzahlung erfolgen. Erfolgt die Widerrufsbelehrung erst nach Vertragsabschluss, so beträgt die Widerrufsfrist **einen Monat**.

Der **Fristlauf** beginnt, wenn der Verbraucher eine Belehrung über sein Widerrufsrecht in Textform erhalten hat, die ihm seine Rechte verdeutlicht. Ein Widerrufsrecht besteht nicht bei Umschuldungen, notariell beurkundeten Verträgen, Überziehungsmöglichkeiten und geduldeten Überziehungen.

Kündigungsmöglichkeiten beim Verbraucherdarlehen

Bei **unbefristeten Darlehensverträgen** sind Kündigungen durch das Kreditinstitut nur zulässig, wenn eine Kündigungsfrist von mindestens zwei Monaten vereinbart ist. Verbraucher können den Vertrag jederzeit kündigen.

Bei **befristeten Kreditverträgen**, die nicht durch ein Grundpfandrecht gesichert sind, dürfen Verbraucher das Darlehen jederzeit ganz oder teilweise zurückzahlen.

5.6 Kreditsicherheiten

Die Arten der Kreditsicherheiten lassen sich unterteilen in:

- Bürgschaft (akzessorische Sicherheit)
- Pfandrecht (akzessorische Sicherheit)
- Sicherungsabtretung (fiduziarische Sicherheit)
- Sicherungsübereignung (fiduziarische Sicherheit)

Bürgschaft

Die **Bürgschaft** ist ein Vertrag, durch den sich der Bürge gegenüber dem Gläubiger eines Dritten (Kreditnehmer) verpflichtet, für dessen Verbindlichkeiten und ihre Erfüllung einzustehen.

Bürgschaften sind nur rechtsgültig, wenn sie **schriftlich** erklärt werden (**Ausnahme:** Bürgschaften von Kaufleuten im Rahmen ihres Handelsgeschäftes).

Bei der **selbstschuldnerischen Bürgschaft** (praxisüblich) hat der Bürge kein Recht auf Einrede der Vorausklage.

Die Bürgschaft erlischt nicht mit dem Tod des Bürgen bzw. Tod des Kreditnehmers.

Pfandrecht

Das **Pfandrecht** ist ein dingliches Recht an fremden Sachen oder Rechten zur Sicherung einer Forderung. Es berechtigt den Gläubiger, sich durch Verwertung des verpfändeten Gegenstandes zu befriedigen.

Die Bestellung eines **Pfandrechts an Forderungen** erfolgt durch:

- **Einigung** (Vertrag) zwischen Kreditnehmer und Kreditinstitut über das Entstehen des Pfandrechts und
- **Anzeige** an den Schuldner (Pfändungsanzeige).

Praktische Bedeutung hat die Verpfändung von gegenwärtigen und künftigen Guthabenforderungen (z. B. Termineinlagen, Spareinlagen). Die Übergabe einer Sparurkunde ist nicht erforderlich.

Die Verpfändung hat jedoch lediglich deklaratorische Wirkung, da das Kreditinstitut bereits durch das AGB-Pfandrecht gesichert ist.

Die Bestellung eines **Pfandrechts an Wertpapieren** erfolgt durch die

- **Einigung** (Vertrag) zwischen Kreditnehmer und Kreditinstitut über das Entstehen des Pfandrechts und
- **Übergabe** des Wertpapiers.

Wird das Inhaberwertpapier bereits vom Kreditinstitut verwahrt, genügt die Einigung mit dem Kreditnehmer, zusätzlich wird eine entsprechende Depotsperre eingegeben.

Wird das Inhaberwertpapier von einem anderen Kreditinstitut verwahrt, sind zur Verpfändung erforderlich: Einigung, Abtretung des Herausgabeanspruchs und Anzeige an das Kreditinstitut (Depotbank). Bei Orderwertpapieren ist das Wertpapier zu indossieren.

Sicherungsabtretung

Die **Sicherungsabtretung** ist die Übertragung einer Forderung (Zession) durch den Kreditnehmer (Zedent) an das Kreditinstitut (Zessionar) zur Sicherung eines Kredits.

Der **Sicherungsvertrag** enthält eine **Sicherungsabrede**, die das Innenverhältnis zwischen Kreditnehmer und Kreditinstitut regelt.

Abtretung von Forderungen

Offene Zession

- Der Drittschuldner wird von der Abtretung benachrichtigt.
- Der Drittschuldner zahlt mit schuldbefreiender Wirkung an den Zessionar.

Stille Zession

- Der Drittschuldner wird von der Abtretung nicht benachrichtigt.
- Der Drittschuldner zahlt mit schuldbefreiender Wirkung an den Zedenten.

Im Rahmen der **Globalzession** werden bestehende und zukünftige Forderungen gegen bestimmte Drittschuldner auf das Kreditinstitut übertragen.

Bei der **Abtretung aus Lebensversicherungsansprüchen** hat das Kreditinstitut zu prüfen, wer zum Bezug der Leistungen aus dem Versicherungsvertrag berechtigt ist. Bei der Bewertung des abgetretenen Anspruchs ist vom Rückkaufswert zum Zeitpunkt der Kreditvergabe auszugehen. Der Rückkaufswert wird beeinflusst von: bisheriger Laufzeit, Höhe der eingezahlten Prämien, Gewinnbeteiligung, allgemeinen Verwaltungskosten.

Bei der **Abtretung von Guthabenforderungen** bei anderen Kreditinstituten ist zu beachten, dass das andere Kreditinstitut ein Pfandrecht und ein Zurückbehaltungsrecht an der Forderung hat. In der Bankpraxis wird deswegen eine „Forderungsbestätigung“ eingeholt.

Bei der **Abtretung von Lohn- und Gehaltsansprüchen** ist zu prüfen, ob die Abtretung vom Arbeitgeber vertraglich ausgeschlossen ist. Ferner ist zu beachten, dass die Abtretung auf den pfändbaren Teil des Lohns bzw. Gehalts begrenzt ist.

Sicherungsübereignung

Die **Sicherungsübereignung** ist die Übertragung des Eigentums an einer beweglichen Sache durch den Kreditnehmer an das Kreditinstitut zur Sicherung einer Forderung.

Bei der Sicherungsübereignung übereignet der Kreditnehmer das Sicherungsgut auf das Kreditinstitut in der Weise, dass

- das **Kreditinstitut Eigentümer** wird,
- der **Kreditnehmer Besitzer** des Sicherungsguts bleibt.

Die **Eigentumsübertragung** wird durch ein sogenanntes **Besitzkonstitut** ersetzt.

Bei der Sicherungsübereignung eines Pkw ist zur Wirksamkeit des Vertrags die Übergabe einer Zulassungsbescheinigung Teil II nicht erforderlich. Kreditinstitute verlangen jedoch meist den Abschluss einer Vollkaskoversicherung. Dabei wird die Versicherungsgesellschaft um die Ausstellung eines Sicherungsscheins gebeten.

Dadurch wird sichergestellt, dass Zahlungen aus der Vollkaskoversicherung nur an das Kreditinstitut erfolgen.

5.7 Not leidende Kredite

Erlangen eines vollstreckbaren Titels

Der vollstreckbare Titel bildet die Rechtsgrundlage für das Durchführen der **Zwangsvollstreckung**. Dabei bestehen zwei Möglichen:

- Gerichtliches Mahnverfahren: Vollstreckungsbescheid
- Klageverfahren: Vollstreckbares Urteil

Klageverfahren

Sachliche Zuständigkeit

- Amtsgericht: Streitwert bis 5 000,00 EUR
- Landgericht: Streitwert über 5 000,00 EUR

Örtliche Zuständigkeit

- Gerichtsstand: Wohnort des Schuldners, mit Kaufleuten kann ein abweichender Gerichtsstand vereinbart werden.

Zwangsvollstreckung in das Vermögen des Kreditnehmers

Die Zwangsvollstreckung kann betrieben werden bei

- Grundstücken durch Eintragung einer Sicherungshypothek, Zwangsversteigerung oder Zwangsverwaltung,
- beweglichen Sachen durch Pfändung eines Gerichtsvollziehers und
- Geldforderungen durch Pfändungs- und Überweisungsbeschluss.

Eidesstattliche Vermögensauskunft

Bleibt die Zwangsvollstreckung ergebnislos, kann das Kreditinstitut beantragen, dass der Schuldner ein **Vermögensverzeichnis** vorlegt und die Richtigkeit und Vollständigkeit des Vermögensverzeichnisses an **Eides statt** versichert.

Der Antrag des Kreditinstituts ist an den für den Wohnsitz des Schuldners zuständigen Gerichtsvollzieher zu richten. Das Kreditinstitut kann jedoch auch schon mit dem Antrag auf Durchführung der Mobiliarvollstreckung den Auftrag an den Gerichtsvollzieher verbinden, das Verfahren auf Abgabe der eidesstattlichen Vermögensauskunft gegen den Schuldner zu eröffnen, falls die Mobiliarvollstreckung erfolglos verlaufen sollte (kombinierter Antrag).

Verbraucherinsolvenzverfahren

Die Verbraucherinsolvenz ist ein Insolvenzverfahren für natürliche Personen, die keine oder nur eine geringe selbstständige wirtschaftliche Tätigkeit ausüben.

Vier Stufen des Verbraucherinsolvenzverfahrens

1. Stufe
Außergerichtliche Einigung über Schuldenbereinigung auf der Basis eines Schuldenbereinigungsplans

↓ falls keine Einigung möglich

2. Stufe
Antrag auf Eröffnung eines Insolvenzverfahrens mit Vorlage eines Schuldenbereinigungsplans;
Plan kommt zustande, wenn mehr als die Hälfte der Gläubiger mit mehr als der Hälfte der Forderungen zustimmt

↓ falls kein Plan zustande kommt

3. Stufe
Abgekürztes Insolvenzverfahren mit Antrag auf Restschuldbefreiung und anschließender Wohlverhaltensperiode

↓ falls Schuldner die 6-jährige Wohlverhaltensperiode einhält: Restschuldbefreiung nach 3 Jahren, wenn Schuldner innerhalb dieses Zeitraums mindestens 35 % der Gläubigerforderungen sowie die Verfahrenskosten begleichen kann

4. Stufe
Restschuldbefreiung

Mit Erteilen der **Restschuldbefreiung** können die Insolvenzgläubiger ihre Forderungen nicht mehr durchsetzen.

6 Immobilienfinanzierung

Immobilienkredite

- **Rückzahlung**
  - Annuitätendarlehen
  - Endfälliges Darlehen
- **Art der Verzinsung**
  - Darlehen mit
    - Variabler Verzinsung
    - Zinsobergrenze
    - Zinsfestschreibung

Beleihungswertermittlung

- Verkehrswert
- Beleihungswert
- Beleihungsgrenze
- Beleihungsauslauf

- Sachwert
- Bodenwert
- Bauwert
- Ertragswert

Wertermittlungsverfahren

- **Ertragswertverfahren**
- **Vergleichswertverfahren**
- **Sachwertverfahren**

Sicherheiten

- **Grundpfandrechte**
  - Haftung
  - Grundbuch
    - Eintragungen
    - Rangordungen
- **Grundschuld**
  - Entstehung und Erwerb
  - Übertragung
    - Buchgrundschuld
    - Briefgrundschuld
  - ▶ Eigentümergrundschuld

Die **Rückzahlung von Immobilienkrediten** kann erfolgen durch:
- Annuitätendarlehen
- endfälliges Darlehen

Beim endfälligen Darlehen kann die Tilgung über eine Kapitallebensversicherung, einen Bausparvertrag oder einen Investmentsparplan erfolgen.
Hinsichtlich der **Art der Verzinsung** werden folgende Varianten angeboten:
- Darlehen mit variabler Verzinsung
- Darlehen mit Zinsfestschreibung
- Darlehen mit Zinsobergrenze (Cap-Darlehen)

Zinsstrategien

Kreditnehmer erwartet sinkende Zinsen und vereinbart keine Zinsbindungsfrist.	Kreditnehmer ist sich bei der Einschätzung der Zinsentwicklung nicht sicher und vereinbart im Rahmen einer Zinsbegrenzungsfrist eine Zinsobergrenze.	Kreditnehmer erwartet steigende Zinsen und vereinbart eine Zinsbindungsfrist.
Darlehen mit variabler Verzinsung	Darlehen mit Zinsobergrenze (Cap-Darlehen)	Darlehen mit Zinsfestschreibung

Beleihungswertermittlung

Wertbegriffe	Merkmale
Verkehrswert	Aktueller Marktwert des Objekts
Beleihungswert	Verkaufswert des Objekts, der voraussichtlich während des Beleihungszeitraums erzielt werden kann
Beleihungsgrenze	Obergrenze für die Kreditvergabe
Beleihungsauslauf	Tatsächliche Belastung des Grundstücks aufgrund der vergebenen Kredite
Sachwert	Summe aus Bodenwert und Bauwert des Objekts
Bodenwert	Grundstückswert des Objekts

Bauwert	Gebäudewert des Objekts, dabei ist von den Herstellungskosten auszugehen
Ertragswert	Kapitalisierter Jahresreinertrag des Objekts

Die **Wertermittlungsverfahren** lassen sich unterteilen in:

- **Ertragswertverfahren:** Basis sind die nachhaltig am Markt erzielbaren Mieterträge; dabei wird der Ertragswert durch Kapitalisierung der Jahresmieterträge ermittelt. Das Verfahren wird insbesondere bei Mehrfamilienhäusern und gewerblichen Objekten angewandt.
- **Sachwertverfahren:** Basis sind die angemessenen Herstellungskosten des Gebäudes sowie des Grundstücks, der Sachwert setzt sich zusammen aus Bodenwert und Bauwert. Das Verfahren wird insbesondere bei Einfamilien- und Zweifamilienhäusern angewandt.
- **Vergleichswertverfahren:** Basis sind die nachhaltig am Markt erzielbaren Preise für vergleichbare Objekte, dabei wird meist ein Sicherheitsabschlag von mind. 10 % vorgenommen. Das Verfahren wird insbesondere bei Baugrundstücken, Eigentumswohnungen und einfachen Einfamilienhäusern angewandt.

Grundpfandrechte

Gegenstände der Haftung beim Grundpfandrecht sind:

- Grundstück
- wesentliche Bestandteile des Grundstücks
- Zubehör des Grundstücks

Grundbuch

Das Grundbuchblatt besteht aus drei Teilen: Aufschrift, Bestandsverzeichnis, Abteilung 1–3. In **Abteilung II** werden eingetragen:

- Belastungen des Grundstücks (z. B. Dienstbarkeiten, Vorkaufsrecht, Erbbaurecht) mit Ausnahme von Grundpfandrechten einschließlich der sich auf diese Belastungen beziehenden Vormerkungen und Widersprüche
- Beschränkungen des Verfügungsrechts des Eigentümers, z. B. Anordnung der Zwangsversteigerung
- die das Eigentum betreffenden Vormerkungen (z. B. Auflassungsvormerkung) und Widersprüche

In **Abteilung III** werden die **Grundpfandrechte** (Grundschuld, Hypothek) eingetragen.

Grundbucheintragungen

Eintragungen in das Grundbuch erfolgen durch

- den Eintragungsantrag desjenigen, dessen Recht von der Eintragung betroffen wird oder zu dessen Gunsten die Eintragung erfolgen soll, und
- die Eintragungsbewilligung desjenigen, dessen Recht von der Eintragung betroffen wird.

Rangordnungen von Grundbucheintragungen

Für die Rangordnung der in Abteilung II und III des Grundbuchs eingetragenen Rechte gilt:

- Für Rechte in derselben Abteilung ist die Reihenfolge der Eintragungen maßgeblich.
- Für Rechte in verschiedenen Abteilungen ist die Datumsfolge der Eintragungen entscheidend.

Grundschuld

Die Grundschuld ist die **Belastung des Grundstücks** in der Weise, dass an den Grundschuldgläubiger eine **bestimmte Geldsumme** aus dem Grundstück zu zahlen ist. Die Grundschuld ist **abstrakt**, d. h., sie ist nicht vom Bestehen einer Forderung abhängig.

Die Verbindung von Grundschuld und Forderung wird durch eine **Sicherungsabrede** hergestellt. Dadurch wird bewirkt, dass das Kreditinstitut

- die Zwangsvollstreckung in das Grundstück nur dann betreiben darf, wenn der Kreditnehmer seine Pflichten aus dem Kreditvertrag nicht erfüllt,
- die Grundschuld bei Beendigung des Kreditverhältnisses freigeben muss.

Fälligkeit des Grundschuldkapitals

Die **Fälligkeit des Kapitals** einer Grundschuld tritt erst nach vorheriger **Kündigung mit einer Frist von sechs Monaten** ein.

Um aus dem dinglichen Recht vollstrecken zu können (§§ 1192, 1147 BGB), ist zunächst die Fälligkeit der Grundschuld durch Kündigung herbeizuführen. Dies gilt sowohl für die Zwangsversteigerung als auch für die Zwangsverwaltung.

Entstehung und Erwerb der Grundschuld

Entstehung der Grundschuld

- Einigung über die Bestellung des Rechts und
- Eintragung im Grundbuch

Erwerb der Grundschuld

- Eintragung im Grundbuch oder
- Übergabe des Grundschuldbriefs

Übertragung der Grundschuld

Buchgrundschuld

- Abtretung des dinglichen Anspruchs und
- Eintragung der Abtretung im Grundbuch

Briefgrundschuld

- Schriftliche Abtretung des dinglichen Anspruchs und
- Übergabe des Grundschuldbriefs oder
- Formfreie Abtretung des dinglichen Anspruchs und
- Übergabe des Grundschuldbriefs und
- Eintragung der Abtretung im Grundbuch

Im Rahmen der **Eigentümergrundschuld** hat der Grundstückseigentümer die Möglichkeit,

- eine Rangstelle für eine später aufzunehmende Grundschuld freizuhalten,
- durch Abtretung und Übergabe des Grundschuldbriefs eine Kreditsicherheit zu stellen, ohne dass der neue Grundschuldgläubiger im Grundbuch eingetragen wird und Grundbuchkosten für die Umschreibung entstehen.

Löschung von Grundpfandrechten

Die **Löschung von Grundpfandrechten** kann durch rechtsgeschäftliche Aufhebung und durch Befriedigung aus dem Grundstück erfolgen:

- Der Grundpfandrechtsgläubiger bewilligt durch eine öffentlich beglaubigte **Löschungsbewilligung** die Löschung des Grundpfandrechts, da sein Anspruch befriedigt wurde.
- Ist bei einer Grundschuld der Sicherungszweck entfallen, steht dem Grundstückseigentümer ein **Rückgewähranspruch** der Grundschuld zu. Nachrangige Gläubiger haben keinen gesetzlichen Löschungsanspruch für vorrangige Grundschulden. Der Gläubiger lässt sich deshalb vom Eigentümer die Rückgewähransprüche gegenüber vorrangigen Gläubigern abtreten. Somit kann er selbst nach Erledigen des Sicherungszwecks die Löschung der vorrangigen Rechte veranlassen.

7 Firmenkredite

Firmenkredite

- **Kreditarten**
  - Kontokorrentkredit
  - Diskontkredit
  - Investitionskredit
  - Avalkredit
- **Finanzierungsarten**
  - Factoring
  - Leasing

Bearbeitung

- **Jahresabschlussanalyse**
- **Rating**

Kreditsicherheiten

- **Sicherungsübereignung**
- **Sicherungsabtretung von Forderungen**

KWG-Vorschriften

- Großkredite
- Organkredite
- Millionenkredite
- Kreditunterlagen

7.1 Kontokorrentkredit

Der Kontokorrentkredit ist ein Kredit, den der Kreditnehmer durch Verfügungen über sein Kontokorrent bis zu einem vereinbarten Kreditlimit in Anspruch nehmen kann.

Der Kontokorrentkredit kann als Betriebsmittel-, Zwischen- und Saisonkredit genutzt werden. Der Kontoabschluss gilt nach den AGB als genehmigt, wenn der Kunde nicht innerhalb von sechs Wochen nach Zugang der Abrechnung schriftliche Einwendungen erhebt.

7.2 Diskontkredit

Im Rahmen des Diskontkredits kauft das Kreditinstitut noch nicht fällige Wechsel des Kunden bis zur vereinbarten Kreditgrenze an. Der Kunde erhält den **Barwert** (Wechselsumme abzüglich Zinsen/Diskont) des Wechsels.

Die **Diskontberechnung** erfolgt nach dem Geldmarktstandard (aktuell/360).

Vor der Diskontierung von Wechseln prüft das Kreditinstitut

- das Wechselmaterial (Einsicht in Bezogenen- und Einreicherobligo) und
- die Ausnutzung des Diskontkreditrahmens.

7.3 Investitionskredit

Der Investitionskredit ist ein langfristiger Kredit zur Finanzierung der Herstellung oder Beschaffung von Anlagegütern sowie der Beschaffung von Vorräten.

Investitionskredite werden der gesamten Firmenkundenschaft angeboten:

- Unternehmen zur Anlagenfinanzierung und für gewerbliche Bauvorhaben
- Selbstständigen und Freiberuflern zur Praxisfinanzierung, z. B. Ärzten, Rechtsanwälten
- Landwirten zur Anlagenfinanzierung

7.4 Avalkredit

Bei der **Bankbürgschaft** verpflichtet sich das Kreditinstitut gegenüber dem Begünstigten, für die Verbindlichkeiten des Kreditnehmers gegenüber diesem Dritten einzustehen. Die Bankbürgschaft ist **akzessorisch**, sie wird ausschließlich im Inlandsgeschäft verwendet.

Beispiele:
- Vertragserfüllungsbürgschaft
- Mängel- und Gewährleistungsbürgschaft
- Mietkautionsbürgschaft

Bei der **Bankgarantie** verpflichtet sich das Kreditinstitut gegenüber dem Begünstigten, für einen künftigen Erfolg des Kreditnehmers gegenüber diesem Dritten einzustehen bzw. eine Gewähr für einen künftigen, noch nicht entstandenen Schaden zu übernehmen. Die Bankgarantie ist **abstrakt**, d. h., das Kreditinstitut hat auf erstes Anfordern des Begünstigten zu zahlen. Die Bankgarantie wird im Inlands- und Auslandsgeschäft verwendet.

Beispiele:

- Bietungsgarantie
- Lieferungs- und Leistungsgarantie
- Gewährleistungsgarantie
- Anzahlungsgarantie

Die **Avalverpflichtung** erlischt, wenn

- die Rechtsgrundlage für das Aval nachweislich entfallen ist (z. B. Kreditnehmer hat als Bieter im Rahmen der gestellten Bietungsgarantie den Zuschlag angenommen) oder
- das Kreditinstitut aus dem Aval in Anspruch genommen worden ist.

Vom Kreditinstitut wird die Avalverpflichtung jedoch erst ausgebucht, wenn das Kreditinstitut die Avalurkunde als gegenstandslos zurückerhält.

7.5 Factoring

Factoring ist der Ankauf von Forderungen aus Warenlieferungen und Dienstleistungen durch ein Finanzunternehmen.

Die Funktionen des Factorings lassen sich unterscheiden in:

- **Finanzierungsfunktion**, d. h., die Factoring-Gesellschaft bevorschusst angekaufte Forderungen (ca. 80–90 %),
- **Delkrederefunktion**, d. h., die Factoring-Gesellschaft übernimmt das Ausfallrisiko und verzichtet auf jegliche Regress-Ansprüche gegen den Factoring-Kunden.
- **Dienstleistungsfunktion**, d. h., die Factoring-Gesellschaft übernimmt den Forderungseinzug und weitere Dienstleistungen.

Für die **anzukaufenden Forderungen** gelten bestimmte **Anforderungen**:

- ausreichende Forderungshöhe und Forderungsanzahl
- bonitätsmäßig einwandfreie Unternehmen, die regelmäßige Kaufverträge mit dem Factoring-Kunden abschließen
- das Zahlungsziel sollte möglichst 90 Tage nicht überschreiten

7.6 Leasing

Leasing ist die Vermietung oder Verpachtung von beweglichen oder unbeweglichen Gütern durch Finanzinstitute (Leasing-Gesellschaften) oder durch die Hersteller bzw. Eigentümer der Güter.

Beim **direkten Leasing** erfolgt die Vermietung oder Verpachtung durch den Hersteller oder durch eine dem Hersteller wirtschaftlich gehörende Leasing-Gesellschaft

Beim **indirekten Leasing** erfolgt die Vermietung oder Verpachtung durch eine Leasing-Gesellschaft, die vom Hersteller unabhängig ist.

Beim **Operate-Leasing** ist das Leasing-Objekt ein Standardprodukt. Das Vertragsverhältnis ist kurzfristig.

Beim **Financial-Leasing** wird das Leasing-Objekt nach den individuellen Wünschen des Leasingnehmers hergestellt bzw. gekauft. Das mittel- oder langfristige Vertragsverhältnis ist während der Grundmietzeit unkündbar.

7.7 Bearbeitung von Firmenkrediten

Rating

Das Rating gibt Auskunft über die Bonität des Kreditnehmers. Es umfasst vier Teilschritte:

1. Teil: das **Finanzrating**, das die letzten Jahresabschlüsse bewertet,

2. Teil: das **Strukturrating**, das die Geschäfts- und Wettbewerbssituation bewertet.

Die Zahlen und Antworten werden mithilfe eines Punktsystems erfasst. Diese Punkte werden zu einer Gesamtbewertung zusammengeführt: dem **Basisrating**. Dieses wird ggf. nochmals korrigiert durch:

3. Teil: **Sonderfaktoren**, die bestimmte Besonderheiten des Unternehmens berücksichtigen,

4. Teil: **Konzernhintergrund**, der mögliche positive und negative Einflüsse einer Unternehmensgruppe untersucht.

Finanz- und ertragswirtschaftliche Jahresabschlussanalyse

Die Jahresabschlussanalyse ist ein Verfahren der Informationsgewinnung, mit dessen Hilfe aus den Angaben des Jahresabschlusses Erkenntnisse über die Vermögens-, Finanz- und Ertragslage eines Unternehmens gewonnen werden.

Jahresabschlüsse werden im Rahmen des Ratings analysiert. Bei der **Kreditvergabe** von mehr als **750 000,00 EUR** an einen Kreditnehmer sind Kreditinstitute verpflichtet, sich die wirtschaftlichen und finanziellen Verhältnisse offenlegen zu lassen (§ 18 KWG).

Kennzahlen (Auszug)

Eigenkapitalquote =	$\frac{\text{Eigenkapital}^* \cdot 100}{\text{Bilanzsumme}}$
Anlagendeckungsgrad I =	$\frac{\text{Eigenkapital}^* \cdot 100}{\text{Anlagevermögen}}$
Anlagendeckungsgrad II =	$\frac{(\text{Eigenkapital}^* + \text{langfristiges Fremdkapital}) \cdot 100}{\text{Anlagevermögen}}$
Cashflow =	Betriebsergebnis + ordentliche Abschreibungen + Zuführung zu den langfristigen Rückstellungen
Cashflow-Rate =	$\frac{\text{Cashflow} \cdot 100}{\text{Gesamtleistung}}$
Eigenkapitalrentabilität =	$\frac{\text{Betriebsergebnis} \cdot 100}{\text{Eigenkapital}}$
Gesamtrentabilität =	$\frac{(\text{Betriebsergebnis} + \text{Zinsaufwand}) \cdot 100}{\text{Bilanzsumme}^*}$
Umsatzrentabilität =	$\frac{\text{Betriebsergebnis} \cdot 100}{\text{Gesamtleistung}}$

** zum Jahresende*

7.8 Kreditsicherheiten

Sicherungsübereignung

Die Sicherungsübereignung (siehe Kap. 5.6) bietet sich an für Kraftfahrzeuge, Maschinen und Waren. Bei der **Sicherungsübereignung von Kraftfahrzeugen und Maschinen** muss das Sicherungsgut hinreichend bestimmt werden (Individualisierung). Bei der **Sicherungsübereignung eines Waren-**

lagers mit festem Bestand wird die übereignete Ware räumlich bestimmt (Raumsicherungsvertrag), bei einem Warenlager mit wechselndem Bestand muss der Kunde dagegen monatliche Bestandsmeldungen abgeben. Ferner ist er zur Einhaltung eines Mindestdeckungsbestandes verpflichtet.

Die **Verwertung des Sicherungsgutes** kann durch freihändigen Verkauf oder öffentliche Versteigerung erfolgen.

Sicherungsabtretung von Forderungen

Bei der Sicherungsabtretung von Forderungen (siehe Kap. 5.6) tritt der Kreditnehmer im Rahmen einer **Globalzession** alle gegenwärtigen und zukünftigen Forderungen gegen bestimmte Drittschuldner an das Kreditinstitut ab. Dabei darf im Rahmen der anfänglichen Übersicherung der Nennwert der abgetretenen Forderungen den Kredit um nicht mehr als 50 % übersteigen. Die Globalzession ist nichtig, wenn die entsprechenden Forderungen von einem verlängerten Eigentumsvorbehalt erfasst werden.

7.9 Kreditbestimmungen des KWG

Vorschriften des KWG zum Kreditgeschäft

Großkredite	Großkredite sind Kredite an einen Kreditnehmer, die insgesamt 10 % der anrechenbaren Eigenmittel des Kreditinstituts betragen oder übersteigen. Die Großkreditobergrenze beträgt 25 % der anrechenbaren Eigenmittel. Großkredite sind der Deutschen Bundesbank anzuzeigen.
Millionenkredite	Der BBk sind alle drei Monate Kredite anzuzeigen, die zu irgendeinem Zeitpunkt der 3-monatigen Referenzperiode mit 1 Mio. EUR oder mehr beansprucht waren. Dabei ist der Kreditbestand am Ende der Referenzperiode anzugeben.
Organkredite	Kredite an eng mit dem Kreditinstitut verbundene Personen (z. B. Geschäftsleiter) dürfen nur aufgrund eines einstimmigen Beschlusses sämtlicher Geschäftsleiter und mit ausdrücklicher Zustimmung des Aufsichtsorgans vergeben werden.
Kreditunterlagen	Von Kreditnehmern, denen Kredite von mehr als 750 000,00 EUR vergeben werden, hat sich das Kreditinstitut die wirtschaftlichen Verhältnisse, insbesondere durch Vorlage der Jahresabschlüsse, offenlegen zu lassen.

8 Auslandsgeschäfte

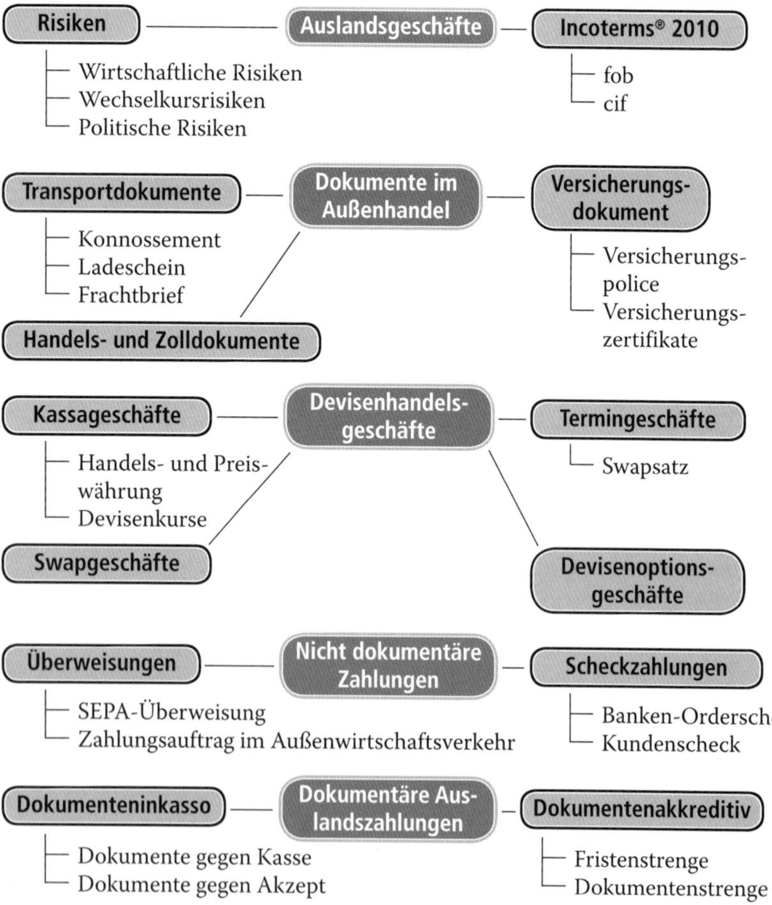

8.1 Grundlagen des Außenwirtschaftsverkehrs

Risiken des Exporteurs

Wirtschaftliche Risiken
- Herstellungsrisiko
- Forderungsrisiko
- Warenannahmerisiko
- Transportrisiko

Wechselkursrisiken
- Kursänderungsrisiko
- Abwertungsrisiko der ausländischen Währung

Politische Risiken
- Warenbezogene Risiken
- Forderungsbezogene Risiken

Risiken des Importeurs

Wirtschaftliche Risiken
- Lieferungsrisiko
- Qualitätsrisiko
- Transportrisiko

Wechselkursrisiken
- Kursänderungsrisiko
- Aufwertungsrisiko der ausländischen Währung

Politische Risiken
- Ausfuhrverbot

Die **Risiken im Außenwirtschaftsverkehr** können **begrenzt** werden durch:
- Anwendung international üblicher Lieferklauseln (Incoterms® 2010)
- Verwendung international gebräuchlicher Außenhandelsdokumente
- Vereinbarung international üblicher Zahlungsbedingungen
- Abschluss von Kredit- und Transportversicherungen
- Fakturierung in EUR
- Abschluss von Kurssicherungsgeschäften
- Ausfuhrgarantien und Ausfuhrbürgschaften

8.2 Incoterms® 2010

Die **Incoterms® 2010** regeln insbesondere
- den **Gefahrenübergang** vom Exporteur auf den Importeur,
- den **Kostenübergang** vom Exporteur auf den Importeur,
- den **Abladeort** (Lieferort).

Die wichtigsten Incoterms® 2010 sind **FOB** und **CIF**.

FOB – Frei an Bord (... benannter Verschiffungshafen)

FOB bedeutet, dass der Verkäufer die Ware an Bord des vom Käufer benannten Schiffs im benannten Verschiffungshafen liefert oder die bereits so gelieferte Ware verschafft. Die Gefahr des Verlustes oder der Beschädigung der Ware geht über, wenn die Ware an Bord des Schiffs ist. Der Käufer trägt ab diesem Zeitpunkt alle Kosten. Der Verkäufer muss die Ware auf seine Kosten verpacken und zur Ausfuhr freimachen.

CIF – Kosten, Versicherung, Fracht (... benannter Bestimmungshafen)

CIF bedeutet, dass der Verkäufer die Ware an Bord des Schiffs liefert oder die bereits so gelieferte Ware verschafft. Die Gefahr des Verlustes oder der Beschädigung der Ware geht über, wenn die Ware an Bord des Schiffs ist. Der Verkäufer hat den Beförderungsvertrag abzuschließen, sowie die Kosten und Fracht zu tragen, die für die Beförderung der Ware zum benannten Bestimmungshafen erforderlich ist. Zusätzlich hat er den Transportversicherungsvertrag (nur mit Mindestdeckung = Kaufpreis + 10 %) auf seine Kosten abzuschließen. Der Verkäufer hat zusätzlich die Ware zu verpacken und zur Ausfuhr freizumachen.

8.3 Dokumente im Außenhandel

Außenhandelsdokumente

Transportdokumente

- Konnossement
- Ladeschein
- Frachtbrief
- Multimodales Transportdokument

Versicherungsdokumente

- Versicherungspolice
- Versicherungszertifikat

Handels- und Zolldokumente

- Handelsfaktura
- Konsulatsfaktura
- Zollfaktura
- Ursprungszeugnis

Konnossement

Das **Konnossement** (Bill of Lading B/L) ist ein Transportdokument (Traditionspapier) im **Seefrachtverkehr**.

Durch **Einigung** (Ausstellung oder Indossierung zugunsten des Warenempfängers) **und Übergabe des Konnossements** erfolgt auch der **Übergang des Eigentums** an der im Konnossement genannten Ware.

Formen des Konnossements

Bordkonnossement	Übernahmekonnossement
(Shipped on board B/L)	(Received for shipment B/L)
Bestätigung, dass die Ware tatsächlich an Bord des namentlich benannten Schiffes genommen wurde.	Bestätigung, dass die Ware zur Verschiffung übernommen wurde.

Anforderungen an Konnossemente bei dokumentären Zahlungen:

- Vorlage eines vollen Satzes Originalkonnossemente (full set)
- Reingezeichnetes Konnossement (clean)
- An Order ausgestelltes und blanko indossiertes Konnossement (issued to order and endorsed in blank)
- Bordkonnossement (on board)

Ladeschein

Der Ladeschein ist ein Transportdokument des Frachtverkehrs auf Binnenschifffahrtsstraßen. Inhaltlich und rechtlich entspricht es dem Konnossement (Traditionspapier).

Versicherungsdokumente

Versicherungsdokumente lassen sich unterscheiden in

- **Einzelpolice:** Beweisurkunde bei Einzelsendungen und
- **Generalpolice:** Beweisurkunde bei sich wiederholenden Transporten.

8.4 Devisenhandelsgeschäfte

Der **Devisenhandel** erfolgt via

- Telefon,
- Multibank-Devisenhandelsplattformen.

Markt- und Referenzkurse

- Marktkurssystem der privaten Banken
- Referenzkurse der EZB

Kassageschäfte

Kassageschäfte sind Devisengeschäfte, deren Erfüllung je nach Abwicklung spätestens am zweiten Werktag nach Geschäftsabschluss stattfindet.

Jeder **Devisenkurs** besteht aus **zwei Währungen**:

- **Handelswährung:** Währung, die gehandelt und als erste im Kurs genannt wird, z. B. **EUR**/USD
- **Preiswährung:** Währung, die den Wert (Preis) für eine bestimmte Menge der Handelswährung angibt, z. B. EUR/**USD**

Devisenkurse

Scheckankaufkurs	Ankäufe von FW-Schecks
Briefkurs	Devisenkäufe von Kunden
Gespannter Briefkurs	Devisenkäufe von Banken
Referenzkurs/Mittelkurs	Interbankengeschäfte
Gespannter Geldkurs	Devisenverkäufe an Banken
Geldkurs	Devisenverkäufe an Kunden

Cross-Kurse (cross-rate) sind Devisenkurse, bei denen der USD weder die Handels- noch die Preiswährung ist. Cross-Kurse werden jedoch über die entsprechenden USD-Kurse der Handels- und Preiswährung errechnet. Der USD dient dabei als Vehikelwährung.

Termingeschäfte

Termingeschäfte sind Devisengeschäfte, deren Erfüllungstermin später als am zweiten Werktag nach Geschäftsabschluss liegt. Die Geschäftspartner vereinbaren am Abschlusstag den Terminkurs, die Valuten und Zahlungsmodalitäten.

Devisenterminkurse weichen vom Kassakurs ab:

- Ist das Zinsniveau der Auslandswährung zum EUR höher, so wird der EUR gegenüber der ausländischen Währung mit einem **Aufschlag (Report)** zum Kassakurs gehandelt.
- Ist das Zinsniveau der Auslandswährung zum EUR niedriger, so wird der EUR gegenüber der ausländischen Währung mit einem **Abschlag (Deport)** zum Kassakurs gehandelt.

Zins Handelswährung > Zins Preiswährung: Abschlag (Deport)
Zins Handelswährung < Zins Preiswährung: Aufschlag (Report)

Die Differenz zwischen Kassakurs und Terminkurs wird als **Swapsatz** bezeichnet.

$$\text{Swapsatz: } \frac{\text{Kassakurs} \cdot \text{Zinsdifferenz} \cdot \text{Tage}}{(360 \cdot 100) + (\text{Zinssatz für Handelswährung} \cdot \text{Tage})}$$

Swapgeschäfte

Das **Swapgeschäft** ist die Kombination eines Kassageschäfts und eines entgegengesetzten Termingeschäfts. Swap ist nicht nur ein Tausch von Währungen, sondern insbesondere ein Tausch von Erfüllungsterminen.

Der **Swapsatz** ist der Unterschied zwischen Kassa- und Terminkurs. Swapsatz ist ein anderer Ausdruck für Ab- und Aufschlag.

Devisenoptionsgeschäfte

Die Devisenoption verleiht dem Käufer der Option das Recht, jedoch nicht die Verpflichtung, einen bestimmten Währungsbetrag am Fälligkeitstag zu kaufen (Call-Option) bzw. zu verkaufen (Put-Option). Der Verkäufer (Stillhalter) übernimmt die Verpflichtung, am Fälligkeitstag einen bestimmten Währungsbetrag vom Käufer zu kaufen oder an ihn zu verkaufen, falls dieser es verlangt.

Die **Optionsprämie** besteht aus zwei Teilwerten, deren Anteile an der Gesamtprämie variabel sind:

- innerer Wert der Option
- Zeitwert der Option

Am **Ausübungstag** ist der **Wert** einer

- **Call-Option** = Kassakurs minus Basispreis,
- **Put-Option** = Basispreis minus Kassakurs.

Basisstrategien

Fremdwährungseingänge	**Fremdwährungsausgänge**
Exporteur	Importeur
▪ Kauf einer EUR-Call-Option ▪ Verkauf einer EUR-Put-Option	▪ Kauf einer EUR-Put-Option ▪ Verkauf einer EUR-Call-Option

Vergleich von Optionskauf und Optionsverkauf

Optionskauf	Optionsverkauf
Vollständige Absicherung	Keine vollständige Absicherung
Keine Verpflichtung	Verpflichtung zur Einlösung
Möglicher Verlust wegen Prämienzahlung	Prämieneinnahme

OTC-Optionen („over the counter") werden nicht über die Börse gehandelt.

Eurex-Optionen werden an der Börse gehandelt. Sie bieten gegenüber den OTC-Optionen folgende **Vorteile**:

- Die Standardisierung der Optionskontrakte ermöglicht ein Höchstmaß an Transparenz.
- Market Maker sorgen für eine faire Preisbildung.
- Eurex gewährleistet, dass stets am, im und aus dem Geld liegende Optionen zum Handel zur Verfügung stehen.
- Eurex übernimmt das Ausfallrisiko.

8.5 Nicht dokumentäre Zahlungen

Überweisungen

SEPA-Überweisung	Die SEPA-Überweisung kann für Überweisungen in EUR mit IBAN innerhalb Deutschlands, in die anderen EU-/EWR-Staaten und in die Schweiz sowie Monaco verwendet werden (siehe Kap. 2.1).
Zahlungsauftrag im Außenwirtschaftsverkehr	Der Zahlungsauftrag im Außenwirtschaftsverkehr kann für alle Auslandszahlungen genutzt werden, insbesondere in den Fällen, in denen die SEPA-Überweisung nicht genutzt werden kann, z. B. Überweisung in die USA.

Meldepflichten nach der AWV

Meldepflichtige Vorgänge, d.h. Zahlungen ab 12 500 EUR, werden ausschließlich mittels Anlage Z4 zur AWV elektronisch vom Meldepflichtigen (z. B. Firmenkunde) an die Deutsche Bundesbank gemeldet.

Verordnung über grenzüberschreitende Zahlungen in EUR

Für grenzüberschreitende Überweisungen in EUR innerhalb der EU-/EWR-Staaten dürfen keine höheren Kundenentgelte berechnet werden als für Überweisungen im Inlandszahlungsverkehr

Kundenkennung

IBAN (International Bank Account Number) ist eine standardisierte internationale Bankkontonummer für grenzüberschreitende Zahlungen. Die deutsche IBAN hat eine Länge von 22 Zeichen:

- Länderkennzeichen (DE für Deutschland)
- zweistellige Prüfziffer (für Plausibilitätsprüfung bei Auftraggeberbank)
- Bankleitzahl (achtstellig)
- Kontonummer (zehnstellig)

BIC (Bank Identifier Code) ist der international standardisierte Bank-Code, mit dem jedes Kreditinstitut weltweit eindeutig identifiziert werden kann. Die BIC hat maximal elf Stellen. Bei SEPA-Zahlungen ist die Angabe der BIC bei grenzüberschreitenden Angaben ab dem 01.02.2016 nicht mehr nötig.

Ausführungsfristen bei Überweisungen

Die Bedingungen der Kreditinstitute sehen standardmäßig die Vereinbarung der gesetzlich **maximalen Ausführungsfrist** vor. Danach ist das Institut des Zahlers verpflichtet sicherzustellen, dass der Überweisungsbetrag spätestens beim Institut des Zahlungsempfängers wie folgt eingeht:

- **Überweisungen in EUR:**
  - Beleglose Überweisung max. 1 Geschäftstag
  - Beleghafte Überweisung max. 2 Geschäftstage
- **Überweisungen in anderen EWR-Währungen**
  - Beleglose Überweisungen max. 4 Geschäftstage
  - Beleghafte Überweisungen max. 4 Geschäftstage
- **Überweisungen in Drittstaaten** (z. B. USA) **oder Drittstaatenwährungen** (z. B. USD) sind baldmöglichst zu bewirken.

Scheckzahlungen

Scheckzahlungen

Banken-Orderscheck
(Bank-auf-Bank-Ziehung)

Kreditinstitut des Zahlungspflichtigen zieht einen Scheck auf Korrespondenzbank

Kundenscheck
(Kunde-auf-Bank-Ziehung)

Zahlungspflichtiger zieht einen Scheck auf sein Kreditinstitut

Scheckeingänge

Fremdwährungsschecks können in Fremdwährung oder in EUR gutgeschrieben werden. Die EUR-Gutschrift erfolgt zum Scheckankaufskurs abzüglich Gebühren und Courtage. Der Scheckankaufskurs liegt eine halbe Geld-/Brief-Spanne über dem Briefkurs.

8.6 Dokumentäre Auslandszahlungen

Dokumenteninkasso

Beim **Dokumenteninkasso** wird unterschieden zwischen

- **Dokumenten gegen Kasse** (Documents against Payment – D/P) und
- **Dokumenten gegen Akzept** (Documents against Acceptance – D/A).

Falls der Exporteur keine andere Weisung erteilt hat, muss der Importeur die Dokumente bei erster Präsentation aufnehmen.

Die vorlegende Bank kann auf eigenes Risiko eine „Andienung zu treuen Händen“ vornehmen, damit der Importeur die Möglichkeit hat, die Dokumente zu prüfen.

Der **Exporteur** trägt das Risiko, dass die Dokumente vom Importeur bzw. der Inkassobank nicht aufgenommen werden. Für den Exporteur empfiehlt sich das Dokumenteninkasso deshalb nur, wenn der Importeur verlässlich und zahlungsfähig ist, die Länderbonität des Importlandes zweifelsfrei ist und es sich bei der Ware nicht um Einzelfertigungen handelt.

Der **Importeur** trägt das Risiko der nicht vertragsgemäßen Lieferung (z. B. mangelhafte Ware). Er zahlt, bevor er die Ware erhält. Gegenüber dem Akkreditiv hat das Dokumenteninkasso jedoch folgende Vorteile: Eine Kreditlinie bei seinem Kreditinstitut wird nicht benötigt, ferner entstehen deutlich geringere Kosten.

Dokumentenakkreditiv

Das Dokumentenakkreditiv ist eine **unwiderrufliche Vereinbarung** und dadurch eine feststehende Verpflichtung der **eröffnenden Bank**, eine **konforme Dokumentenvorlage** zu honorieren (ERA 600, Revision 2007).

Die beteiligten Banken (benannte Bank, evtl. bestätigende Bank und eröffnende Bank) haben jeweils maximal **fünf Bankarbeitstage** nach dem Tag der Dokumentenvorlage, um zu entscheiden, ob eine Dokumentenvorlage konform ist.

Hinsichtlich der **Erfüllung der Akkreditivbedingungen** sind zu beachten:

- Fristenstrenge (Gültigkeitsdauer, Vorlagefrist 21 Tage, Verladedatum)
- Dokumentenstrenge (buchstabengetreue Übereinstimmung der Dokumente mit den Akkreditivbedingungen)

Arten des Dokumentenakkreditivs

Art der Verpflichtung

- Bestätigtes Akkreditiv
- Unbestätigtes Akkreditiv

Art der Benutzbarkeit

- Zahlungsakkreditiv
- Akzeptierungsakkreditiv
- Negoziierung

Sonderformen

- Übertragbares Akkreditiv
- Revolvierendes Akkreditiv
- Gegenakkreditiv
- Packing Credits

Wegen der Zahlungsverpflichtung der eröffnenden Bank bietet das Dokumentenakkreditiv gegenüber dem Dokumenteninkasso für den **Exporteur** eine höhere Zahlungssicherheit.

Insgesamt bietet das **Dokumentenakkreditiv** dem **Exporteur** folgende **Vorteile:**

- Die eröffnende Bank (auch die bestätigende Bank) muss unabhängig von der Bonität des Importeurs Zahlung leisten.
- Die Zahlungen aus einem Akkreditiv erfolgen relativ schnell.
- Der Importeur kann Einreden wegen mangelhafter Lieferung nur außerhalb des Akkreditivs geltend machen.

Vergleich

Dokumenteninkasso

- erster Zahlungsimpuls durch Exporteur
- keine Zahlungsverpflichtung einer Bank
- eingeschränkte Dokumentenprüfung
- eingeschränkte Zahlungssicherheit für Exporteur
- relativ geringe Kosten

Dokumentenakkreditiv

- erster Zahlungsimpuls durch Importeur
- Zahlungsverpflichtung einer Bank
- strenge Dokumentenprüfung
- hohe Zahlungssicherheit für den Exporteur
- relativ hohe Kosten

Bank Payment Obligation

Von wachsender Bedeutung ist die Bank Payment Obligation (BPO), eine standardisierte Zahlungsverpflichtung der Bank des Importeurs zugunsten der Bank des Exporteurs. Die BPO beruht auf dem elektronischen Abgleich der Daten von Importeuren und Exporteuren, die diese ihren Banken zur Verfügung stellen.

8.7 Abwicklung von Auslandszahlungen

Für die Abwicklung von Auslandszahlungen stehen den Kreditinstituten folgende Zahlungssysteme zur Verfügung:

- TARGET2
- STEP2
- Haus- und Verbundsysteme
- Korrespondenzbanksysteme

TARGET2 ist ein europäisches, vollautomatisiertes Bruttoverfahren für **Großbetragszahlungen** in Echtzeit mit beschleunigter Durchführung.

STEP2 ist ein paneuropäisches Zahlungssystem der EBA für **Massenzahlungen**.

Haus- und Verbundsysteme sind Zahlungssysteme von Banken bzw. Bankengruppen.

Korrespondenzbanksysteme ermöglichen Kreditinstituten, gegenseitig Bankgeschäfte füreinander auszuführen.

B Allgemeine Wirtschaftslehre

1 Rechtliche Rahmenbedingungen des Wirtschaftens

Rahmenbedingungen
- **Rechtssubjekte**
  - natürliche Personen
  - juristische Personen
- **Rechtsobjekte**
  - Sachen, Rechte
  - Eigentum, Besitz

Rechtsgeschäfte
- **einseitige**
  - empfangsbedürftig
  - nicht empfangsbedürftig
- **zwei-/mehrseitige**
  - einseitig verpflichtend
  - zweiseitig verpflichtend

Nichtigkeit

Anfechtbarkeit

Kaufvertrag
- **Antrag und Annahme des Antrags**
- **Störungen bei der Erfüllung**

Berufsausbildung
- **Berufsausbildungsvertrag**
  - Mindestangaben
- **Beendigung**
  - Probezeit

Arbeitsrecht
- **Individualarbeitsrecht**
  - Arbeitsvertragsrecht
  - Kündigungsschutzrecht
- **Kollektivarbeitsrecht**
  - Tarifvertragsrecht
  - Betriebsverfassungsrecht
  - Arbeitsgerichtsbarkeit

Mitbestimmung
- **Ebene des Arbeitsplatzes**
- **Unternehmensebene**

Sozialversicherung
- **Zweige**
- **Aufgaben/Leistungen**

1.1 Rechtsgrundlagen

Das **Privatrecht** dient dem Individualinteresse und regelt die Rechtsbeziehungen der Privatpersonen und privaten Einrichtungen untereinander, z. B. bürgerliches Recht.

Das **öffentliche Recht** dient dem öffentlichen Interesse und regelt die Rechtsbeziehungen der Privatpersonen und privaten Einrichtungen zu den öffentlichen Einrichtungen und der öffentlichen Einrichtungen untereinander, z. B. Steuerrecht.

1.2 Rechtssubjekte

Rechtssubjekte sind natürliche Personen und juristische Personen.

Juristische Personen lassen sich unterteilen in:

- juristische Personen des privaten Rechts: rechtsfähige Vereine und Gesellschaften (z. B. AG, GmbH, eG), Stiftungen des privaten Rechts
- juristische Personen des öffentlichen Rechts: Körperschaften, Anstalten und Stiftungen des öffentlichen Rechts

Geschäftsfähigkeit

Die Geschäftsfähigkeit bei natürlichen Personen richtet sich nach dem Lebensalter:

Geschäftsunfähigkeit	Kinder bis zur Vollendung des siebten Lebensjahres. Ihre Willenserklärungen sind nichtig.
Beschränkte Geschäftsfähigkeit	Minderjährige ab Vollendung des siebten Lebensjahres. Ihre Willenserklärungen sind schwebend unwirksam.
Volle Geschäftsfähigkeit	Personen ab Vollendung des 18. Lebensjahres. Ihre Willenserklärungen sind rechtswirksam.

Juristische Personen sind mit eigener Rechtspersönlichkeit ausgestattet und erlangen mit dem Erwerb der Rechtsfähigkeit (z. B. Eintragung in ein Register) die unbeschränkte Geschäftsfähigkeit.

1.3 Rechtsobjekte

Rechtsobjekte sind Sachen und Rechte, die der Rechtsmacht der Rechtssubjekte unterliegen.

Sachen sind körperliche Gegenstände, sie lassen sich unterteilen in unbewegliche Gegenstände (Grundstücke) und bewegliche Gegenstände (z. B. Smartphone).

Rechte sind immaterielle Güter, sie lassen sich unterteilen in absolute Rechte, d. h., sie wirken gegen jedermann (z. B. Eigentumsrecht), und in relative Rechte, d. h., sie wirken nur gegen eine oder mehrere bestimmte Personen (z. B. Anspruch des Verkäufers gegen den Käufer).

Eigentum ist die rechtliche Herrschaft über eine Sache. Dabei wird unterschieden nach Alleineigentum, Miteigentum nach Bruchteilen, gemeinschaftlichem (gesamthänderischem) Eigentum.

Besitz ist die tatsächliche Herrschaft über eine Sache. Dabei wird unterschieden zwischen Alleinbesitz und Mitbesitz.

1.4 Rechtsgeschäfte

Rechtsgeschäfte kommen durch **Willenserklärungen** zustande. Die Willenserklärung kann mündlich, schriftlich oder durch konkludentes (schlüssiges) Handeln abgegeben werden.

Rechtsgeschäfte

- **Einseitige Rechtsgeschäfte**
  - **Empfangsbedürftige Willenserklärungen**
    werden mit Abgabe rechtswirksam
    z. B. Kündigung
  - **Nicht empfangsbedürftige Willenserklärungen**
    werden mit dem Zugang rechtswirksam
    z. B. Testament
- **Zwei-/mehrseitige Rechtsgeschäfte**
  Sie werden durch Willenserklärungen aller Beteiligten wirksam
  z. B. Verträge, Beschlüsse

Verträge können sein:

- **einseitig verpflichtend**, z. B. Bürgschaftsvertrag, Schenkungsvertrag
- **zweiseitig verpflichtend**, z. B. Kaufvertrag, Werkvertrag, Darlehensvertrag

Nichtigkeit und Anfechtbarkeit von Rechtsgeschäften

Ein **Rechtsgeschäft ist nichtig**, d. h., es ist von Anfang an ungültig. **Willenserklärungen sind anfechtbar**, falls die Erklärung einer Person nicht mit dem wirklichen Willen der Erklärung übereinstimmt; Rechtsgeschäfte bleiben so lange gültig, bis sie angefochten und dadurch rückwirkend ungültig werden.

Nichtigkeit von Rechtsgeschäften	Anfechtbarkeit von Rechtsgeschäften
Geschäftsunfähigkeit	Irrtum in der Erklärung
Scherzgeschäft	Irrtum in der Übermittlung
Scheingeschäft	Irrtum über wesentliche Eigenschaften
Formmangel	einer Person oder Sache
Gesetzliches Verbot	Arglistige Täuschung und widerrechtliche
Sittenwidrigkeit	Drohung

Vertragsarten

Vertragsarten	Vertragsinhalt
Kaufvertrag	Entgeltliche Veräußerung von Sachen oder Rechten
Werkvertrag	Entgeltliche Herstellung eines Werkes bzw. Leistung von Diensten mit Erfolgsgarantie
Lieferung herzustellender beweglicher Sachen	Entgeltliche Herstellung eines Werkes, zu dem der Unternehmer den Stoff liefert
Schenkungsvertrag	Unentgeltliche Zuwendung von Sachen oder Rechten
Leihvertrag	Unentgeltliche Überlassung von Sachen zum Gebrauch
Mietvertrag	Entgeltliche Überlassung von Sachen zum Gebrauch
Pachtvertrag	Entgeltliche Überlassung von Sachen oder Rechten zum Gebrauch und zum Fruchtgenuss
Darlehensvertrag	Überlassung von Geld gegen Zinszahlung und Rückzahlung bei Fälligkeit
Dienstvertrag	Entgeltliche Leistung von Diensten ohne Erfolgsgarantie
Überweisungsvertrag	Ausführen eines Überweisungsauftrags
Geschäftsbesorgungsvertrag	Besorgung eines Geschäfts gegen Entgelt

1.5 Kaufvertrag

Der Kaufvertrag ist ein **zweiseitiger verpflichtender Vertrag**. Der Käufer ist zur Zahlung des vereinbarten Kaufpreises und zur Abnahme der gekauften Ware verpflichtet, der Verkäufer zur Übergabe der Sache und zur Verschaffung des Eigentums an der Sache.

Abschluss des Kaufvertrages

Der Kaufvertrag kommt durch zwei inhaltlich übereinstimmende Willenserklärungen zustande: Antrag und Annahme des Antrags.

1. Willenserklärung: Antrag		2. Willenserklärung: Annahme
Antrag	↔	Annahme
Angebot	↔	Bestellung
Bestellung	↔	Auftragsbestätigung
Bestellung	↔	Lieferung
Lieferung	↔	Zahlung

Störungen bei der Erfüllung des Kaufvertrages

Störungen bei der Erfüllung des Kaufvertrages liegen vor, wenn ein Vertragspartner seinen vertraglichen Pflichten nicht nachkommt:

- **Verkäufer:** Schlechtleistung, Nicht-Rechtzeitig-Lieferung
- **Käufer:** Nicht-Rechtzeitig-Zahlung, Annahmeverzug

Eigentumsvorbehalt

Bei der Vereinbarung eines Eigentumsvorbehalts bleibt der Verkäufer Eigentümer der Ware bis zur vollständigen Bezahlung des Kaufpreises.

Beim verlängerten Eigentumsvorbehalt kann eine Verarbeitungsklausel bzw. Vorausabtretungsklausel vereinbart werden.

1.6 Vertragsfreiheit und Verbraucherschutz

Das **Prinzip der Vertragsfreiheit** besagt, dass die Vertragsparteien frei entscheiden können,

- ob sie einen Vertrag abschließen,
- worüber sie einen Vertrag abschließen.
- mit wem sie einen Vertrag abschließen und

Die Vertragsbedingungen werden meist vom Verkäufer formuliert. Das AGB-Gesetz soll dabei verhindern, dass Käufer (insbesondere Verbraucher) durch kundenunfreundliche Bedingungen benachteiligt werden.

Bei **Haustürgeschäften und Fernabsatzverträgen** steht dem Verbraucher ein Widerrufsrecht zu, die Widerrufsfrist beträgt zwei Wochen. Dies gilt auch für Verträge über Finanzdienstleistungen.

1.7 Berufsausbildung

Berufsausbildungsvertrag

Der Berufsausbildungsvertrag wird zwischen dem Ausbildenden (Ausbildungsbetrieb) und dem Auszubildenden abgeschlossen. Ist der Auszubildende minderjährig, ist die Zustimmung seines gesetzlichen Vertreters nötig.

Mindestangaben des Berufsausbildungsvertrags:

- Art, sachliche und zeitliche Gliederung sowie Ziel der Berufsausbildung
- Beginn und Dauer der Berufsausbildung
- Ausbildungsmaßnahmen außerhalb der Ausbildungsstätte
- Dauer der regelmäßigen täglichen Ausbildungszeit
- Dauer der Probezeit
- Zahlung und Höhe der Vergütung
- Dauer des Urlaubs
- Voraussetzungen, unter denen der Ausbildungsvertrag gekündigt werden kann
- Hinweise auf Tarifverträge, Betriebs- oder Dienstvereinbarungen, die auf das Ausbildungsverhältnis anzuwenden sind

Beendigung des Berufsausbildungsverhältnisses

Das Ausbildungsverhältnis endet mit Ablauf der Ausbildungszeit. Falls der Auszubildende die Abschlussprüfung vor Ablauf der Ausbildungszeit erfolgreich ablegt, endet das Ausbildungsverhältnis mit dem Bestehen der Abschlussprüfung.

Falls der Auszubildende die Abschlussprüfung nicht besteht, wird die Ausbildungszeit bis zur nächstmöglichen Wiederholungsprüfung verlängert.

Während der Probezeit (ein bis vier Monate) kann das Ausbildungsverhältnis jederzeit ohne Einhalten einer Kündigungsfrist gekündigt werden.

Nach Ablauf der Probezeit kann das Ausbildungsverhältnis gekündigt werden:

- aus einem wichtigen Grund ohne Einhalten einer Kündigungsfrist
- vom Auszubildenden mit einer vierwöchigen Kündigungsfrist, wenn er die Berufsausbildung aufgeben oder sich für eine andere Berufstätigkeit ausbilden lassen will

Die Kündigung hat schriftlich unter Angabe des Kündigungsgrundes zu erfolgen.

1.8 Kernmerkmale des Arbeitsrechts

Arbeitsrecht

Individualarbeitsrecht

- Arbeitsvertragsrecht
- Kündigungsschutzrecht

Kollektivarbeitsrecht

- Tarifvertragsrecht
- Betriebsverfassungsrecht
- Arbeitsgerichtsbarkeit

Individualarbeitsrecht

Das Individualarbeitsrecht regelt die Beziehungen zwischen dem Arbeitgeber und dem jeweiligen Arbeitnehmer.

Die **Pflichten des Arbeitgebers** sind:

- Vergütungspflicht
- Urlaubsgewährung
- Zeugnispflicht
- Fürsorgepflicht
- Informations- und Anhörungspflicht
- Gleichbehandlungspflicht

Die **Pflichten des Arbeitnehmers** sind:

- Dienstleistungspflicht
- Schadenersatzpflicht
- Beachtung des Wettbewerbsverbots
- Weisungspflicht
- Treue- und Verschwiegenheitspflicht

Beendigung des Arbeitsverhältnisses

Das Arbeitsverhältnis wird beendet durch:

- Zeitablauf
- Kündigung
- einvernehmliche Auflösung
- Tod des Arbeitnehmers

Bei den **Kündigungsarten** ist zu unterscheiden zwischen **ordentlicher Kündigung** und **außerordentlicher Kündigung**.

Eine **ordentliche Kündigung des Arbeitgebers** ist möglich, wenn die Kündigung **sozial gerechtfertigt** ist.

Kündigungsgründe – Beispiele

personenbedingt
- mangelnde Eignung
- häufige Erkrankungen

verhaltensbedingt
- Störung des Betriebsfriedens
- Verstoß gegen die Arbeitspflicht

betriebliche Erfordernisse
- Auflösung von Abteilungen
- Rationalisierung

Bei einer **ordentlichen Kündigung** beträgt die **Kündigungsfrist vier Wochen** zum 15. oder zum Ende des Monats. Bei Kündigungen durch den Arbeitgeber bestehen längere Kündigungsfristen, die nach der Dauer der Betriebszugehörigkeit gestaffelt sind. Tarifverträge und Arbeitsverträge können andere Kündigungsfristen vorsehen.

Bestimmte **Personengruppen** unterliegen einem **besonderen Kündigungsschutz**:

- Schwangere
- Wehrdienstleistende
- Mitglieder der Jugend- und Auszubildendenvertretung
- Behinderte
- Betriebsratmitglieder
- Mütter/Väter während der Elternzeit

Eine **außerordentliche Kündigung des Arbeitgebers bzw. des Arbeitnehmers** kann nur bei Vorliegen eines wichtigen Grundes ausgesprochen werden, wobei dem Vertragspartner die Fortsetzung des Arbeitsverhältnisses nicht mehr zumutbar ist.

Die Kündigung muss innerhalb von zwei Wochen nach dem Zeitpunkt erfolgen, zu dem der Kündigende von den maßgeblichen Tatsachen (wichtiger Grund) erfahren hat.

Gründe für außerordentliche Kündigungen

Gründe des Arbeitgebers

- Betrug, Unterschlagung, Diebstahl
- Verstoß gegen die Schweigepflicht
- Mobbing
- Arbeitsverweigerung

Gründe des Arbeitnehmers

- Gehalt wird nicht gezahlt
- Grobe Beleidigung durch den Arbeitgeber
- Ernstliche Bedrohung von Leben oder Gesundheit

Kollektivarbeitsrecht

Das Kollektivarbeitsrecht regelt die Beziehungen zwischen dem Arbeitgeber und der Belegschaft bzw. den Arbeitgeberverbänden und den Gewerkschaften.

Tarifverträge sind für die angeschlossenen Mitglieder verbindliche Arbeitsverträge und stellen gleichzeitig Mindestbedingungen für Arbeitsverträge dar.

Nach dem Inhalt lassen sich Tarifverträge unterscheiden in

- Manteltarifverträge, in denen allgemeine Arbeitsbedingungen geregelt sind, und
- Lohn- und Gehaltstarifverträge, in denen Löhne bzw. Gehälter und Ausbildungsvergütungen geregelt sind.

Betriebsvereinbarungen sind Verträge zwischen einzelnen Arbeitgebern und dem Betriebsrat. Sie schaffen wie Tarifverträge verbindliche Rechtsnormen für die Arbeitsverhältnisse eines bestimmten Unternehmens.

Tarifkonflikte entstehen durch gescheiterte Tarifverhandlungen bzw. Schlichtungen. Zulässige Arbeitskampfmittel sind Streik und Aussperrung.

1.9 Mitbestimmung der Arbeitnehmer

Die **Ebenen der Mitbestimmung** lassen sich unterscheiden in:

- Arbeitsplatz: Beteiligungsrechte der Arbeitnehmer
- Betrieb: Beteiligungsrecht des Betriebsrates
- Unternehmen: Mitbestimmung der Arbeitnehmer im Aufsichtsrat

Auf der **Ebene des Arbeitsplatzes** lässt sich die Arbeitnehmerbeteiligung unterscheiden in

- Unterrichtungs- und Erörterungspflicht des Arbeitgebers,
- Anhörungs- und Erörterungsrecht,
- Beschwerderecht.

Auf der **Ebene des Betriebs** hat der **Betriebsrat** folgende Rechte:

- Informationsrechte (wirtschaftlicher Bereich)
- Beratungsrecht (wirtschaftlicher Bereich)
- Widerspruchsrecht (personeller Bereich)
- Mitbestimmungsrecht (sozialer Bereich)

Die **Jugend- und Auszubildendenvertretung** kann über den Betriebsrat bei Maßnahmen mitwirken, die die Jugendlichen bzw. Auszubildenden betreffen.

Die Jugend- und Auszubildendenvertretung wird alle zwei Jahre gewählt. Wählbar sind alle Arbeitnehmer des Betriebs, die das **25. Lebensjahr** noch nicht vollendet haben. Wahlberechtigt sind alle Arbeitnehmer, die das **18. Lebensjahr**, und Auszubildende, die das **25. Lebensjahr** noch nicht vollendet haben.

Mitbestimmung auf Unternehmensebene

Gesetzliche Grundlage	Arbeitnehmer im Aufsichtsrat
Drittelbeteiligungsgesetz bis 2000 Arbeitnehmer	Die Anteilseigner stellen $^2/_3$, die Arbeitnehmervertreter $^1/_3$ der Aufsichtsratsmitglieder.
Mitbestimmungsgesetz 1976 über 2000 Arbeitnehmer	Die Anteilseigner stellen $^1/_2$, die Arbeitnehmervertreter $^1/_2$ der Aufsichtsratsmitglieder (Parität).
Montanmitbestimmungsgesetz 1951 über 1000 Arbeitnehmer	Die Anteilseigner stellen $^1/_2$, die Arbeitnehmervertreter $^1/_2$ der Aufsichtsratsmitglieder. Ein weiteres Arbeitgeber-Mitglied wird von den anderen Aufsichtsratsmitgliedern hinzugewählt.

Beim **Mitbestimmungsgesetz 1976** kann jedoch nicht von einer echten Parität gesprochen werden, da in einer Pattsituation der Aufsichtsratsvorsitzende ein doppeltes Stimmrecht hat. Der Aufsichtsratsvorsitzende wird in der Regel von den Anteilseignern gewählt. Ferner muss den Arbeitnehmervertretern zwingend ein leitender Angestellter angehören.

1.10 Soziale Sicherung

Die **Zweige der Sozialversicherung** sind:

- Krankenversicherung
- Arbeitslosenversicherung
- Unfallversicherung
- Pflegeversicherung
- Rentenversicherung

Finanzierung der gesetzlichen Sozialversicherung

- In der Unfallversicherung wird der Beitrag in voller Höhe vom Arbeitgeber gezahlt, die Beitragshöhe richtet sich nach der individuellen betrieblichen Gefahrenklasse.
- In den übrigen Versicherungen tragen Arbeitgeber und Arbeitnehmer jeweils die Hälfte der Beiträge. Die Beitragshöhe beträgt einen bestimmten Prozentsatz des Bruttoarbeitsentgelts (max. von der sog. Beitragsbemessenungsgrenze). Die Krankenkassen erheben einen kassenindividuellen Zusatzbeitrag, den der Arbeitgeber alleine trägt.

Aufgaben und Leistungen der gesetzlichen Sozialversicherung

Sozialversicherung	Aufgaben/Leistungen	
Krankenversicherung	▶ Krankenhilfe	▶ Vorsorgeuntersuchungen
	▶ Mutterschafts- und Familienhilfe	▶ Krankengeld
Pflegeversicherung	▶ ambulante Pflege	▶ stationäre Pflege
Arbeitslosenversicherung	▶ Arbeitsförderung ▶ Insolvenzausfallgeld	▶ Arbeitslosengeld I und II ▶ Bewerbungstraining
Rentenversicherung	▶ Rentenzahlungen	▶ Rehabilitation
	▶ Zahlung der Krankenversicherung von Beiträgen an Rentner	
Unfallversicherung	▶ Heilbehandlungen, Übergangsgeld ▶ Verletztenrente, Sterbegeld ▶ Hinterbliebenenrente, Abfindungszahlungen ▶ Rehabilitation ▶ Leistungsansprüche bei Arbeits- und Wegeunfällen sowie Berufskrankheiten	

2 Wirtschaftliches Handeln in der Marktwirtschaft

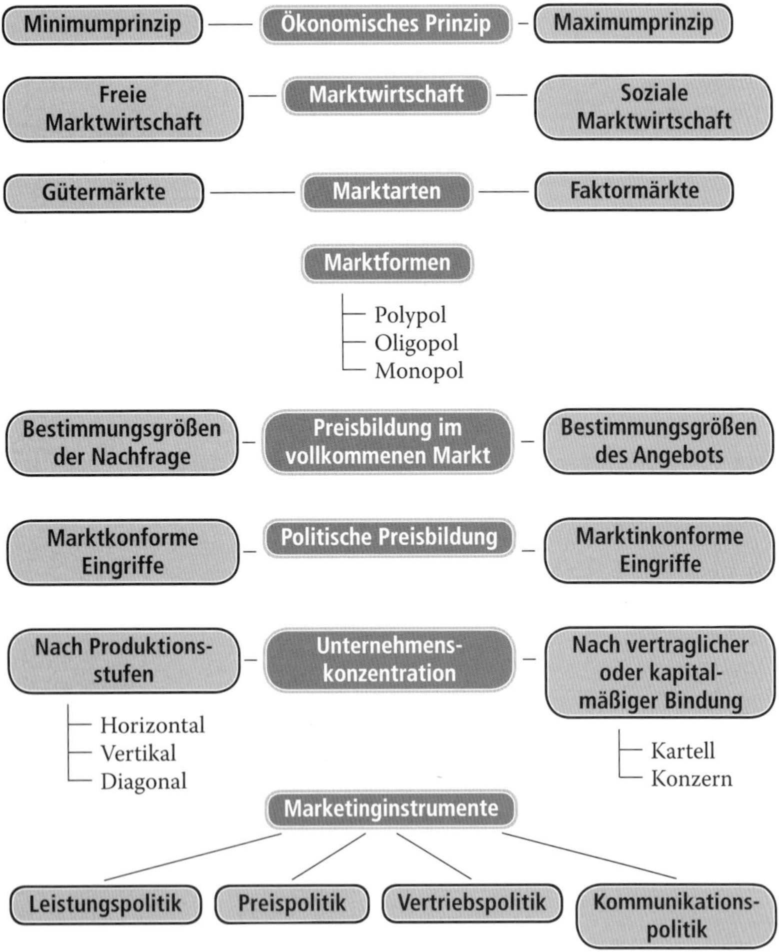

2.1 Kernmerkmale des Wirtschaftens

Bedürfnisse sind das Gefühl eines Mangels mit dem Bestreben, diesen Mangel zu beseitigen. Bedürfnisse werden unterschieden nach Existenz-, Kultur- und Luxusbedürfnissen.

Bedarf ist die Summe der konkretisierten Bedürfnisse, die mit den vorhandenen Geldmitteln befriedigt werden können.

Güter (Sachgüter und Dienstleistungen) sind die Mittel, die ein Bedürfnis befriedigen können. Nach dem Verwendungszweck werden sie unterschieden in Konsumgüter und Produktionsgüter, nach der Nutzungsdauer in Gebrauchs- und Verbrauchsgüter.

Ökonomisches Prinzip

Minimumprinzip

Ein bestimmter Erfolg soll mit dem geringstmöglichen Mitteleinsatz erzielt werden.

Maximumprinzip

Mit den gegebenen Mitteln soll ein größtmöglicher Erfolg erzielt werden.

2.2 Marktwirtschaft als Wirtschaftsordnung

Freie Marktwirtschaft

Die **freie Marktwirtschaft** ist gekennzeichnet durch

- Privateigentum an Produktionsmitteln,
- Vertrags- und Gewerbefreiheit,
- Freiheit der Berufswahl und der Arbeitsstätte,
- Konsumfreiheit und
- Freihandel.

Der Staat verzichtet auf jegliche Eingriffe in das Wirtschaftsgeschehen.

Soziale Marktwirtschaft

In einer **sozialen Marktwirtschaft** wird das Eigeninteresse der Marktteilnehmer (Gewinnmaximierung der Produzenten und Nutzenmaximierung der Konsumenten) um das Gemeinwohl ergänzt.

Der **Staat** greift ordnend und steuernd in das Wirtschaftsgeschehen ein. Dabei geht der Staat von folgenden **Leitlinien** aus:

- Schaffung sozialer Sicherheit und sozialer Gerechtigkeit
- Entgegenwirken von Fehlentwicklungen
- Bereitstellung eines öffentlichen Güterangebots

Im Rahmen seiner **ordnungspolitischen Aufgaben** versucht der Staat, z.B. Verstöße gegen das Wettbewerbsgefüge zu verhindern. Die soziale Funktion des Staates wird z.B. verdeutlicht durch die Transferzahlungen an sozial Schwache.

Die **Lenkungsfunktionen des Staates** lassen sich wie folgt kennzeichnen:

- Strukturpolitik
- Finanzpolitik
- Steuerpolitik
- Konjunkturpolitik
- Umweltpolitik
- Vermögenspolitik

2.3 Markt und Marktformen

Markt

Die **Marktarten** lassen sich unterscheiden nach:

- **Gütermärkten:** Konsumgütermarkt, Investitionsgütermarkt
- **Faktormärkten:** Arbeitsmarkt, Immobilienmarkt, Geldmarkt, Kapitalmarkt

Marktformen

Anbieter / Nachfrager	Viele kleine	Wenige mittlere	Ein großer
Viele kleine	Polypol	Angebotsoligopol	Angebotsmonopol
Wenige mittlere	Nachfrageoligopol	Zweiseitiges Oligopol	Beschränktes Angebotsmonopol
Ein großer	Nachfragemonopol	Beschränktes Nachfragemonopol	Zweiseitiges Monopol

2.4 Preisbildung im vollkommenen Markt

Beim **Modell des vollkommenen Marktes** wird eine vollständige Konkurrenz unterstellt. Dabei gelten folgende **Voraussetzungen**:

- Rationalverhalten der Marktteilnehmer
- polypolistische Konkurrenz
- Homogenität der Güter
- keine persönlichen, räumlichen oder zeitlichen Präferenzen
- unendlich hohe Reaktionsgeschwindigkeit
- vollständige Markttransparenz

Die **Bestimmungsgrößen der Nachfrage** sind:

- Preis des Gutes
- Konsumsumme
- Preis anderer Güter
- Nutzeneinschätzung eines Gutes
- Erwartungen über die zukünftige wirtschaftliche Entwicklung

Die **Bestimmungsgrößen des Angebots** sind:

- Preis des Gutes
- Preise der Produktionsfaktoren
- Gewinnerwartungen
- Preise der anderen Güter
- Stand des technischen Wissens

Der **Gleichgewichtspreis** ist der Preis, bei dem der höchstmögliche Umsatz zustande kommt. Dabei gilt:

- Der **Gleichgewichtspreis sinkt**, wenn z. B. das Angebot bei unveränderter Nachfrage steigt oder die Nachfrage bei unverändertem Angebot sinkt.
- Der **Gleichgewichtspreis steigt**, wenn z. B. das Angebot bei unveränderter Nachfrage sinkt oder die Nachfrage bei unverändertem Angebot steigt.

Bei einem **Angebotsüberhang** liegt der Preis für die angebotene Menge über dem Gleichgewichtspreis (Käufermarkt = Käufer ist in der günstigeren Position).

Bei einem **Nachfrageüberhang** liegt der Preis für die nachgefragte Menge unter dem Gleichgewichtspreis (Verkäufermarkt = Verkäufer ist in der günstigeren Positon).

Die **Funktionen des Gleichgewichtspreises** lassen sich unterscheiden in:

- Informationsfunktion
- Lenkungsfunktion
- Ausgleichsfunktion

2.5 Preisbildung in unvollkommenen Märkten

Die wirtschaftliche Realität spielt sich meist nur auf unvollkommenen Märkten ab. Die Gründe hierfür sind mannigfaltig:

- Viele Güter sind nicht direkt miteinander vergleichbar (heterogene Güter).
- Käufer haben räumliche, zeitliche und persönliche Präferenzen.
- Ein vollständiger Marktüberblick ist oft nicht gegeben.
- Die Marktteilnehmer reagieren häufig mit zeitlichen Verzögerungen auf Änderungen.

Bei einem **unvollkommenen Polypol** verfügt der Anbieter über einen monopolistischen Absatzbereich, innerhalb dessen er Preispolitik betreibt, ohne damit rechnen zu müssen, dass die Mitanbieter reagieren und seine Kunden an diese Mitanbieter abwandern. Er wird durch Produktdifferenzierung und andere Marketingstrategien versuchen, seinen monopolistischen Spielraum zu erweitern.

Bei einem **unvollkommenen Oligopol** kann der Anbieter das Marktgeschehen durch preis- und absatzpolitische Maßnahmen beeinflussen. Er muss jedoch damit rechnen, dass die anderen Oligopolisten Gegenmaßnahmen ergreifen. Der Anbieter kann versuchen, andere Anbieter durch Preisunterbietungen (ruinöse Konkurrenz) vom Markt zu verdrängen.

Bei einem **unvollkommenen Monopol** beherrscht der Monopolist den gesamten Markt; er kann den Preis bzw. die anzubietende Menge frei bestimmen.

Politische Preisbildung

Marktkonforme Eingriffe

- Festsetzung von Einfuhrkontingenten
- Einfuhrverbote, Einfuhrzölle
- Steuererleichterungen, Subventionen

Marktinkonforme Eingriffe

- Festsetzung von Höchstpreisen
- Festsetzung von Mindestpreisen

Höchstpreise sollen den Verbraucher vor zu hohen Preisen schützen. Sie liegen unter dem Gleichgewichtspreis.

Mindestpreise sollen den Anbieter vor zu niedrigen Preisen schützen. Sie liegen über dem Gleichgewichtspreis.

2.6 Wettbewerbspolitik

Unternehmenskonzentration

In den Volkswirtschaften ist die Tendenz festzustellen, dass einzelne **Unternehmen** entweder immer mehr mit anderen Unternehmen **kooperieren** oder **fusionieren**. Dieser Konzentrationsprozess führt zu immer größeren Wirtschaftseinheiten und soll die Wettbewerbsposition der Unternehmen stärken, z. B. durch Sicherung der Bezugsquellen, Steigerung des Absatzes, Ausschaltung oder Einschränkung des Wettbewerbs. Ferner kann häufig eine Verbesserung der Finanzkraft erreicht werden.

Arten der Unternehmenskonzentration

1) nach der Produktionsstufe	
Horizontale Konzentration	Zusammenschluss von Unternehmen der gleichen Produktionsstufe
Vertikale Konzentration	Zusammenschluss von Unternehmen aufeinanderfolgender Produktionsstufen
Diagonale Konzentration	Zusammenschluss von Unternehmen verschiedener Produktionsstufen und Branchen
2) nach der vertraglichen oder kapitalmäßigen Bindung	
Kartell	Unternehmen bleiben rechtlich selbstständig, wirtschaftlich ist ihre Selbstständigkeit eingeschränkt
Konzern	Unternehmen bleiben rechtlich selbstständig, ihre wirtschaftliche Selbstständigkeit geht verloren

Kartelle

Ein Kartell ist der **Zusammenschluss selbstständiger Unternehmen** mit einer **Kartellvereinbarung**, die auf die Abstimmung bestimmter Handlungsparameter (z. B. Preis, Absatzgebiet) gerichtet sein kann. Ziele sind das Erlangen von Marktmacht, Wettbewerbsbeschränkung sowie die Gewinnmaximierung mit dem Versuch, einen höheren Kartellpreis durchzusetzen. Eine **Freistellung vom Kartellverbot** ist möglich, wenn die Vereinbarung den Wettbewerb fördert und den Beteiligten keine unnötigen Beschränkungen auferlegt.

Konzerne

Ein Konzern ist der Zusammenschluss von rechtlich selbstständigen Unternehmen durch entsprechende Kapitalverflechtungen.

Konzernarten

Unterordnungskonzern	Gleichordnungskonzern
Mehrheitsbeteiligung einer Muttergesellschaft an einer Tochtergesellschaft	Kapitalverflechtung zwischen Schwestergesellschaften

Bei einer **Fusion** wird die rechtliche und wirtschaftliche Selbstständigkeit von Unternehmen durch Verschmelzung aufgehoben. Die Fusion kann erfolgen durch **Aufnahme** des einzugliedernden Unternehmens oder durch **Neubildung**, d. h., die Unternehmen bringen ihr gesamtes Vermögen und Kapital in eine neue Gesellschaft ein.

Zu den **Maßnahmen staatlicher Wettbewerbspolitik** zählen:

- Kartellverbot
- Fusionskontrolle
- Missbrauchsaufsicht bei marktbeherrschenden Unternehmen

2.7 Bankmarketing

Aufbauend auf den Ergebnissen der Marktforschung werden im operativen Marketing die Aktivitäten der einzelnen **Marketinginstrumente** bestimmt:

- Leistungspolitik
- Vertriebspolitik
- Preispolitik
- Kommunikationspolitik

Leistungspolitik

Die **Arten der Leistungspolitik** lassen sich unterscheiden nach:

Variation	Modifizieren bestehender Bankleistungen, z. B. Debitkarte mit Ticket-Service-Funktion
Diversifikation	Übernahme von Bankleistungen anderer Institute in das eigene Leistungsprogramm, z. B. Zertifikate
Innovation	Aufnahme neuer Bankleistungen in das Leistungsprogramm, z. B. SEPA-Firmen-Lastschrift
Eliminierung	Wegfall von Bankleistungen, z. B. EUR-Standardüberweisung

Kreditinstitute bieten ihren Kunden meist einen **Value-Added-Service** an. Dabei handelt es sich um Bankleistungen, die dem Kunden in Verbindung mit einer klassischen Bankleistung angeboten werden. Das Kreditinstitut erhält damit ein Leistungsbündel, das dem Kunden einen höheren Wert als Angebote von anderen Instituten mit gleicher Primärleistung bietet.

Preispolitik

Die **Strategien der Preispolitik** lassen sich unterscheiden in

- Teilpreispolitik und
- Ausgleichspreisstellung.

Bei der **Teilpreispolitik** wird der Gesamtpreis für eine Bankleistung in mehrere Teilpreise aufgespaltet, z. B. Baufinanzierung: Zinsen, Bereitstellungsprovision, Bearbeitungsentgelt, Kreditprovision, Kontoführungsentgelt, Entgelt für die Bewertung der Sicherheiten. Das Kreditinstitut geht davon aus, dass ein Nachlass bei einzelnen Teilpreisen günstiger ist als bei der Verhandlung um den Gesamtpreis. Dahinter stehen folgende Überlegungen: Die Verhandlungsmacht des Kunden ist relativ rasch verbraucht und der Kunde hat keine vollständige Markttransparenz.

Im Rahmen der **Ausgleichspreisstellung** werden dem Bankkunden für bestimmte Bankleistungen Vorzugskonditionen eingeräumt mit der Hoffnung, dass der Kunde weitere für das Institut ertragsstarke Bankleistungen in Anspruch nimmt.

Vertriebspolitik

Vertriebskanäle

Stationärer Vertrieb	Zweigstellen, Franchising
Mobiler Vertrieb	Fahrbare Zweigstellen
Direkter Vertrieb	SB-Terminal, Onlinebanking, Internetbanking, Telefonvertrieb, Finanzportal, Mobilbanking
Bankaußendienst	Bankeigene Mitarbeiter, Handelsvertreter

Die **Zweigstellen** im Rahmen des stationären Vertriebs lassen sich unterscheiden nach Vollservice-Zweigstellen, Bedienungszweigstellen, Selbstbedienungszweigstellen, Banking-Shops und Multimedia-Shops.

Kommunikationspolitik

Instrumente der Kommunikationspolitik

Werbung

Übermittlung von Botschaften und Kaufanreizen

- Werbeprospekte
- Mailings

Verkaufsförderung

Maßnahmen zur Erleichterung von Kaufentscheidungen

- Verkaufstraining
- Mitarbeiterwettbewerbe
- kundenfreundliche Ausstattung der Geschäftsräume
- Messen

Öffentlichkeitsarbeit

Vermittlung eines positiven Bildes des Kreditinstituts

- Sponsoring
- Events
- Presseinformationen
- Ausstellungen
- Kundenzeitschrift
- Analystenkonferenzen

Die **Multimediakommunikation** wird unterschieden in

- Offlinemedien (CD-ROM, POS-Terminals) und
- Onlinemedien (Internet, Extranet).

Im Rahmen des **Marketing-Mix** werden die einzelnen Marketinginstrumente zu einem Maßnahmenbündel zusammengefasst bzw. aufeinander abgestimmt.

3 Wirtschaftspolitik

Bruttoinlandsprodukt – **Wirtschaftswachstum** – **Bruttoinlandsprodukt**

- Bruttoinlandsprodukt
  - Entstehungsrechnung
  - Verteilungsrechnung
  - Verwendungsrechnung
- Bruttoinlandsprodukt
  - Nominales BIP
  - Reales BIP

Konjunkturindikatoren — **Konjunktur** — **Konjunkturzyklen**

- Konjunkturindikatoren
  - Frühindikatoren
  - Gegenwartsindikatoren
  - Spätindikatoren
- Konjunkturzyklen
  - Aufschwung
  - Abschwung
  - Hochkonjunktur
  - Tiefstand

Vermeidungsprinzip / Verursacherprinzip / Gemeinlastprinzip — **Lebenswerte Umwelt** — **Staatliche Maßnahmen**

Arten der Arbeitslosigkeit — **Hoher Beschäftigungsstand** — **Arbeitslosenquote**

- Arten der Arbeitslosigkeit
  - Konjunkturelle
  - Friktionelle
  - Saisonelle
  - Strukturelle
- Arbeitslosenquote

$$\frac{\text{Registrierte Arbeitslose} \cdot 100}{\text{Erwerbspersonen}}$$

Störungen der Preisstabilität — **Stabilität des Preisniveaus** — **Giralgeldschöpfung der Kreditinstitute**

- Störungen der Preisstabilität
  - Inflation
  - Deflation
- Giralgeldschöpfung der Kreditinstitute
  - Geldschöpfungsmultiplikator

Geldpolitik der EBZ

Zwei-Säulen-Strategie
- Wirtschaftliche Analyse
- Monetäre Analyse

Instrumente der Geldpolitik
- Offenmarktgeschäfte
- Ständige Fazilitäten
- Mindestreserve

Haushaltsgleichgewicht

Haushaltspläne
- **Einnahmen**
  - Steuern
  - Öffentliche Erwerbseinkünfte
  - Abgaben, Gebühren, Beiträge
  - Kreditaufnahme
- **Ausgaben**
  - Transformationsausgaben
  - Transferausgaben

Fiskalpolitik
- antizyklisch
- angebotsorientiert

Außenwirtschaftliches Gleichgewicht

Gleichgewicht
- Zahlungseingänge
- Zahlungsausgänge

Zahlungsbilanz
- **Aufbau**
  - Leistungsbilanz
  - Vermögensübertragungen
  - Veränderungen der Währungsreserven
  - Saldo der nicht aufgliederbaren Transaktionen
- **Ungleichgewicht**
  - Negative oder positive Leistungsbilanz

Gerechte Einkommens- und Vermögensverteilung

Wirtschaftspolitische Grundkonzepte
- Nachfrageorientierte Wirtschaftspolitik
- Angebotsorientierte Wirtschaftspolitik

3.1 Angemessenes und stetiges Wirtschaftswachstum

Das Wirtschaftswachstum wird am Wachstum des Bruttoinlandsprodukts gemessen.
Das **Inlandsprodukt** umfasst die im Inland innerhalb eines Jahres erwirtschafteten Wertschöpfungen.

Wege der Inlandsproduktberechnung

Entstehungsrechnung
Beiträge einzelner Wirtschaftsbereiche

  Produzierendes Gewerbe
\+ Baugewerbe
\+ Handel, Gastgewerbe, Verkehr
\+ Finanzierung, Vermietung und Unternehmensdienstleister
\+ Öffentliche und private Dienstleister

= Bruttoinlandsprodukt

Verteilungsrechnung

  Bruttoinlandsprodukt
± Saldo der Erwerbs- und Besitzeinkommen aus dem Ausland

= Bruttonationaleinkommen
– Abschreibungen

= Nettonationaleinkommen
– Produktions- und Importabgaben
\+ Subventionen an Unternehmen

= Volkseinkommen

Verwendungsrechnung

  Private Konsumausgaben
\+ Konsumausgaben des Staates
\+ Ausrüstungen
\+ Bauten
\+ Sonstige Anlagen
\+ Vorratsveränderungen
\+ Außenbeitrag (Exporte – Importe)

= Bruttoinlandsprodukt

Das **Volkseinkommen** wird verteilt als Arbeitnehmerentgelt sowie Unternehmens- und Vermögenseinkommen.
Beim **nominalen Bruttoinlandsprodukt** werden die einzelnen Positionen jeweils zu den aktuellen Preisen ausgedrückt.
Beim **realen Bruttoinlandsprodukt** werden die einzelnen Positionen jeweils zu den Preisen eines bestimmten Jahres (Basisjahr) ausgedrückt.

3.2 Konjunktur

Konjunkturindikatoren

Konjunkturindikatoren

Frühindikatoren
- Auftragseingänge
- Offene Stellen
- Geldmengenentwicklung
- IFO-Geschäftsklimaindex

Gegenwartsindikatoren
- Reales BIP
- Kapazitätsauslastung
- Import und Export
- Industrieproduktion

Spätindikatoren
- Preisentwicklung
- Arbeitslosigkeit
- Lohnentwicklung

Konjunkturzyklen

Die **gesamtwirtschaftliche Entwicklung** vollzieht sich nicht gleichmäßig, sondern in bestimmten **Zyklen**:

- Aufschwung
- Abschwung
- Hochkonjunktur
- Tiefstand

Die **Ursachen konjunktureller Schwankungen** können sein:

- Schwankungen der gesamtwirtschaftlichen Nachfrage
- Änderungen der Geldpolitik
- Veränderungen der Angebotsbedingungen
- psychologische Faktoren

Gründe für das Auslösen von Konjunkturschwankungen

Aufschwung	Abschwung
Sinkende Kreditzinsen	Steigende Kreditzinsen
Steigende Konsumgüternachfrage	Sinkende Konsumgüternachfrage
Steigende Auslandsnachfrage	Sinkende Auslandsnachfrage
Zahlungsbilanzüberschuss	Zahlungsbilanzdefizit
Lohn- und Gewinnzuwächse	Arbeitslosigkeit, Insolvenzen

3.3 Lebenswerte Umwelt

Die **Handlungsbereiche der Umweltpolitik** beziehen sich auf:

- Natur- und Landschaftsschutz
- Recyling von Abfallstoffen
- Förderung umweltgerechter Energiequellen
- Lärm- und Gewässerschutz
- Umweltgerechte Verkehrs- und Städteplanung

Nach dem **Vermeidungsprinzip** sollen Umweltschäden vorbeugend vermieden werden. Nach dem **Verursacherprinzip** hat der Verursacher die Kosten der Beseitigung von Umweltbelastungen zu tragen.

Nach dem **Gemeinlastprinzip** kommt der Staat für die Beseitigung von Umweltschäden auf, wenn der Verursacher nicht zu identifizieren ist.

Staatliche Maßnahmen

Ordnungspolitische Maßnahmen

- Verbote und Auflagen
- Umweltverträglichkeitsprüfungen
- Kohlendioxid-Grenzwertauflagen
- FCKW-Verbot
- Herstellerrücknahmegarantien
- Zwangspfand
- Emissionshandel

Finanzpolitische Maßnahmen

- Ökosteuern
- Subventionen
- Abgaben

3.4 Hoher Beschäftigungsstand

Bei einer **Vollbeschäftigung** ist der Produktionsfaktor Arbeit optimal ausgelastet. Bei einer **Unterbeschäftigung** ist der Produktionsfaktor Arbeit hingegen nicht ausreichend ausgelastet.

Als Maßstab für den Beschäftigungsstand gilt die **Arbeitslosenquote**.

$$\textbf{Arbeitslosenquote}\ (\text{in }\%) = \frac{\text{registrierte Arbeitslose} \cdot 100}{\text{Erwerbspersonen}}$$

Zu den **Erwerbspersonen** zählen Selbstständige, abhängig Beschäftigte und Arbeitslose.

Arten der Arbeitslosigkeit

- **Konjunkturelle Arbeitslosigkeit**
- **Friktionelle Arbeitslosigkeit**
- **Saisonale Arbeitslosigkeit**
- **Strukturelle Arbeitslosigkeit**

Maßnahmen zur Bekämpfung der Arbeitslosigkeit:

- Entbürokratisierung (Deregulierung)
- Bezuschussung von Niedriglöhnen
- Förderung von Minijobs
- Vermehrung von Teilzeitarbeitsplätzen
- Erhöhung der beruflichen und regionalen Mobilität
- Einschränkung des Kündigungsschutzes
- Tarifvertragliche Öffnungsklauseln
- Senkung der Lohnstückkosten
- Senkung der Lohnnebenkosten
- Verschärfung der Zumutbarkeit
- Abbau von Überstunden
- Förderung des Eintritts in die Selbstständigkeit
- Flexibilisierung des Arbeitsmarktes
- Verbesserung der Bildung

3.5 Stabilität des Preisniveaus

Die **Preisstabilität** wird über die Veränderung des **Preisindex für die Lebenshaltung** ermittelt. Steigt der Preisindex, sinkt die Kaufkraft einer Geldeinheit; fällt der Preisindex, steigt die Kaufkraft einer Geldeinheit.

Grundlage des Preisindex ist ein Warenkorb, der den typischen Verbrauch eines Durchschnittshaushalts wiedergibt. Dabei wird der Gesamtpreis auf einen Basispreis bezogen.

Für die Länder des Eurosystems ermittelt die Europäische Zentralbank (EZB) den **harmonisierten Verbraucherpreisindex** (HVPI).

Störungen der Preisstabilität entstehen bei einem Ungleichgewicht zwischen der nachfragewirksamen Geldmenge und dem gesamtwirtschaftlichen Angebot an Gütern und Dienstleistungen:

- **Inflation:** fortgesetzter Anstieg des Preisniveaus,
- **Deflation:** fortgesetzte Senkung des Preisniveaus.

Arten der Inflation

Nachfragebedingte Inflation	**Angebotsbedingte Inflation**
Konsuminflation	Kosteninflation
Investitionsinflation	Gewinninflation
Fiskalinflation	
Importierte Inflation	

Die **Inflation** hat für alle Wirtschaftssubjekte erhebliche Auswirkungen:

- **Inflationsgewinner** sind die Schuldner,
- **Inflationsverlierer** sind die Gläubiger.

Zu den Inflationsverlierern zählen insbesondere die Bezieher von festen Einkommen, da die Kaufkraftverluste erst in deutlichem zeitlichem Abstand durch höhere Nominaleinkommen kompensiert werden.

Deflation

Eine fortgesetzte **Senkung des Preisniveaus** führt zu

- Nachfragesenkungen bei Konsum- und Investitionsgütern, da weiter sinkende Preise erwartet werden,
- Produktions- und Investitionseinschränkungen,
- Beschäftigungs- und Einkommensrückgang sowie
- Senkung der Steuereinnahmen.

Deflationsgewinner sind Verbraucher, Bezieher fester Einkommen und Gläubiger.

Deflationsverlierer sind Schuldner.

Giralgeldschöpfung der Kreditinstitute

Eine **passive Giralgeldschöpfung** liegt vor, wenn Bankkunden Bargeld auf ein Girokonto beim Kreditinstitut einzahlen.

Eine **aktive Giralgeldschöpfung** liegt vor, wenn Kreditinstitute zusätzlich Geld in Form von Buchgeld schaffen. Um zu ermitteln, wie viel Buchgeld aufgrund einer Einzahlung insgesamt geschaffen werden kann, bedient man sich des Geldschöpfungsmultiplikators.

$$\textbf{Geldschöpfungsmultiplikator} = \frac{1}{\text{Kassen- und Mindestreservesatz}}$$

maximale Kreditschöpfung = erste Überschussreserve · Geldschöpfungsmultiplikator

Geldpolitik der Europäischen Zentralbank

Die **Europäische Zentralbank (EZB)** hat die Preisstabilität im EUR-Währungsgebiet zu gewährleisten. Preisstabilität wird dabei definiert als Anstieg des harmonisierten Verbraucherpreisindex (HVPI) gegenüber dem Vorjahr von unter, aber nahe 2 %.

Zur Erreichung des Ziels Preisstabilität verfolgt die EZB eine „Zwei-Säulen-Strategie".

Zwei-Säulen-Strategie

Wirtschaftliche Analyse

Analyse anderer Inflationsrisiken (z. B. Finanzmarktindikatoren, Preis- und Kostenindikatoren, konjunkturelle Situation)

Monetäre Analyse

Analyse der Geldmengenentwicklung (Referenzwert für Wachstum der Geldmenge M3: 4,5 %)

Geldmenge M3

Bargeldumlauf
\+ Täglich fällige Einlagen
= M1
\+ Einlagen mit vereinbarter Laufzeit von bis zu zwei Jahren
\+ Einlagen mit vereinbarter Kündigungsfrist von bis zu drei Monaten
= M2
\+ Repogeschäfte
\+ Geldmarktfondsanteile und -papiere
\+ Ausgegebene Schuldverschreibungen mit einer Ursprungslaufzeit bis zu zwei Jahren
= M3

Instrumente der Geldpolitik

Der EZB steht eine Reihe von geldpolitischen Instrumenten zur Verfügung, mit denen über die Zwischengröße Geldmenge/Zins das Ziel der Preisstabilität gewährleistet werden soll.

Instrumente der Geldpolitik

Offenmarktgeschäfte	Hauptrefinanzierungsgeschäfte (wöchentlich, Laufzeit eine Woche) Längerfristige Refinanzierungsgeschäfte (monatlich, Laufzeit drei Monate) Feinsteuerungsoperationen Strukturelle Operationen
Ständige Fazilitäten	Spitzenrefinanzierungsfazilität Einlagenfazilität
Mindestreserve	Mindestreserve-Soll/Mindestreserve-Ist

An **Offenmarktgeschäften** der EZB können die Kreditinstitute durch Tenderverfahren teilnehmen. Die **Tenderverfahren** werden unterschieden nach:

- Zeitrahmen: Standardtender, Schnelltender
- Ausschreibungsverfahren: Mengentender, Zinstender (holländisches oder amerikanisches Verfahren)

Zuteilung bei einem Mengentender

Zunächst werden alle von den Kreditinstituten eingereichten Gebote zusammengestellt. Übersteigt diese Summe das von der EZB angestrebte Zuteilungsvolumen, werden die Gebote anteilig zugeteilt.

$$\textbf{Zuteilungssatz} = \frac{\text{Zuteilungsvolumen} \cdot 100}{\text{Summe der Gebote}}$$

Zuteilung bei einem Zinstender

Bei der Zuteilung nach dem **„holländischen Verfahren“** erfolgt die Zuteilung bei allen zum Zuge kommenden Geboten zum marginalen Zinssatz, d. h., bei dem der gesamte Zuteilungsbetrag erreicht wird.

Bei einer Zuteilung nach dem **„amerikanischen Verfahren“** erfolgt die Zuteilung zu den individuellen Bietungssätzen.

Bei allen **liquiditätszuführenden Operationen** müssen die jeweiligen Kreditinstitute **Sicherheiten** stellen. Dies erfolgt in Deutschland durch die Verpfändung von Wertpapieren und die Abtretung von Kreditforderungen.

Mindestreserve

Im Rahmen der Mindestreservepflicht müssen die Kreditinstitute einen bestimmten Prozentsatz ihrer Verbindlichkeiten als Guthaben auf einem Konto bei der nationalen Zentralbank (z. B. Deutsche Bundesbank) unterhalten.

Die **Mindestreservebasis** wird auf der Grundlage der einzelnen Bilanzpositionen ermittelt. Dabei gilt ein Mindestreservesatz von 1 % für die Reservebasis A:

- täglich fällige Einlagen
- Einlagen mit vereinbarter Laufzeit oder Kündigungsfrist von bis zu zwei Jahren
- ausgegebene Schuldverschreibungen mit vereinbarter Laufzeit von bis zu zwei Jahren

Das **Mindestreserve-Soll** wird errechnet, indem die reservepflichtigen Verbindlichkeiten mit dem Mindestreservesatz multipliziert werden. Von diesem Betrag kann das Kreditinstitut einen Betrag von 100 000,00 EUR abziehen.

Im Durchschnitt des Tagesendbestandes eines Monats ab dem Abwicklungstag des Hauptrefinanzierungsgeschäftes, das auf die Sitzung des EZB-Rats folgt, ist die Mindestreserve auf einem Konto bei der nationalen Zentralbank zu unterhalten.

Die **unterhaltene Mindestreserve** wird zum durchschnittlichen Zinssatz der EZB für Hauptrefinanzierungsgeschäfte über die Mindestreserve-Erfüllungsperiode **verzinst**.

Transmission geldpolitischer Impulse – Beispiel

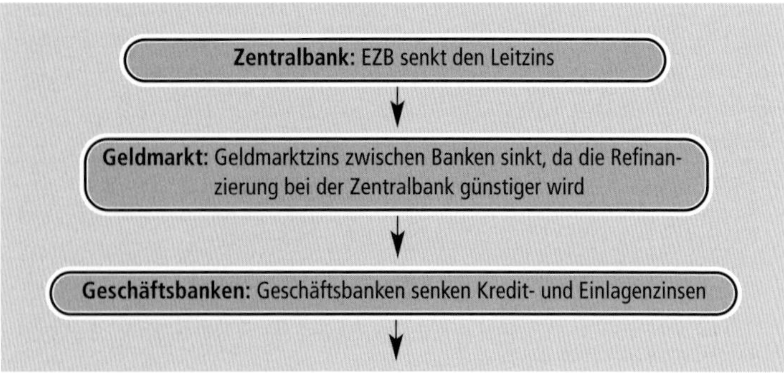

Kapitalmärkte: Renditen verzinslicher Wertpapiere sinken

↓

Nichtbanken: Nachfrage nach Gütern steigt, die Geldmenge nimmt zu

↓

Gütermärkte: Preise steigen, sofern der Nachfragebelebung keine entsprechende Ausweitung des Angebots gegenübersteht

Arten der Geldpolitik

Restriktive Geldpolitik

- Erhöhung der Zinsen für Offenmarktgeschäfte und für die Spitzenrefinanzierungsfazilität
- Erhöhung der Zinsen für die Einlagenfazilität
- Verringerung der Refinanzierungsvolumen im Tenderverfahren
- Erhöhung der Mindestreservesätze

Expansive Geldpolitik

- Senkung der Zinsen für Offenmarktgeschäfte und für die Spitzenrefinanzierungsfazilität
- Senkung der Zinsen für die Einlagenfazilität
- Vergrößerung der Refinanzierungsvolumen im Tenderverfahren
- Senkung der Mindestreservesätze

3.6 Haushaltsgleichgewicht

Das Haushaltsgleichgewicht wird definiert als ausgeglichener Staatshaushalt.

Die **Einnahmen des Staates** ergeben sich aus:

- Steuern
- öffentlichen Erwerbseinkünften
- Abgaben, Gebühren, Beiträgen
- Kreditaufnahme

Zu den **Staatsausgaben** zählen:

- Transformationsausgaben, z. B. Ausgaben für öffentliche Investitionen, Gehaltszahlungen
- Transferausgaben, z. B. Kindergeld, Arbeitslosengeld

Nach Art. 115 Grundgesetz darf die Kreditaufnahme des Bundes die Summe der im Haushaltsplan veranschlagten Investitionen nicht übersteigen.

Nach dem Konzept der **antizyklischen Fiskalpolitik** hat der Staat seine Einnahme- und Ausgabepolitik in den einzelnen konjunkturellen Phasen entgegengesetzt zum Verhalten der übrigen Wirtschaftssubjekte (Unternehmen, private Haushalte) zu gestalten.

Nach dem Konzept der **angebotsorientierten Fiskalpolitik** sollen die wirtschaftlichen Aktivitäten auf der Angebotsseite belebt werden, z.B. durch Verbesserung der Investitionsbedingungen.

3.7 Außenwirtschaftliches Gleichgewicht

Das außenwirtschaftliche Gleichgewicht wird definiert als Gleichgewicht zwischen den Zahlungseingängen und den Zahlungsausgängen. Als Maßstab für das außenwirtschaftliche Gleichgewicht dient der **Außenbeitrag**, d.h. der Saldo aus Exporteinnahmen und Importausgaben für Güter und Dienstleistungen.

Zahlungsbilanz

In der Zahlungsbilanz werden alle ökonomischen Transaktionen zwischen Inländern und Ausländern in einem Jahr systematisch erfasst.

Die **Zahlungsbilanz** besteht im Kern aus der **Leistungsbilanz** und der **Kapitalbilanz**.

Die **Leistungsbilanz** gliedert sich in:

- Handelsbilanz: Warenexporte und -importe
- Dienstleistungsbilanz: Reiseverkehr, Transportleistungen u.a.m.
- Bilanz der Primäreinkommen: Arbeitnehmerentgelte, Vermögenseinkommen
- Bilanz der Sekundäreinkommen: Staatliche und sonstige laufende Übertragungen

Die **Kapitalbilanz** gliedert sich in:

- Inländische Nettokapitalanlagen im Ausland:
  - Privater und staatlicher Kapitalexport,
  - Wertpapieranlagen,

  - Finanzderivate,
  - Zunahme der Währungsreserven der Zentralbank.
- Ausländische Nettokapitalanlagen im Inland:
  - Privater und staatlicher Kapitalimport,
  - Wertpapieranlagen,
  - Finanzderivate,
  - Abnahme der Währungsreserven der Zentralbank.

Unter Berücksichtigung der (weitgehend vernachlässigbaren) einmaligen Vermögensübertragungen sowie der statistischen Erhebungsfehler („Restposten") gilt:

Leistungsbilanz + Bilanz der Vermögensübertragungen	=	Kapitalbilanz + Restposten

Jede Zahlungsbilanztransaktion schlägt sich mit einem positiven und einem negativen Eintrag nieder, so dass der Saldo der Zahlungsbilanz ingesamt Null ergibt.

Beispiel: Warenexport gegen Zunahme der Forderungen an das Ausland (Handelsbilanz (+) und Kapitalbilanz (–))

Zahlungsbilanzungleichgewicht

Im allgemeinen Sprachgebrauch wird von einem Zahlungsbilanzungleichgewicht gesprochen, wenn die **Leistungsbilanz** negativ oder positiv ist.

Ein **Zahlungsbilanzüberschuss** ergibt sich z. B. durch eine aktive Handelsbilanz (Exporte > Importe).

Maßnahmen zum **Beseitigen von Zahlungsbilanzüberschüssen** sind z. B. Aufwertung der Inlandswährung, Einführen von Exportkontingenten, Abschaffung von Subventionen.

Maßnahmen zum **Beseitigen von Zahlungsbilanzdefiziten** sind z. B. Abwertung der Inlandswährung, Importbeschränkungen, Ausfuhrsubventionen.

Internationale Währungsordnungen

Der **Internationale Währungsfonds** (IWF) ist eine internationale Organisation; seine Mitgliedstaaten haben sich vertraglich verpflichtet, vereinbarte Regeln einzuhalten, in Fragen der internationalen Währungspolitik und des zwischenstaatlichen Zahlungsverkehrs eng zusammenzuarbeiten und sich gegenseitig finanzielle Hilfe zur Überwindung von Zahlungsbilanzproblemen zu leisten.

Zahlungsbilanzhilfen werden in Form von Ziehungen auf den IWF gewährt. Bei einer Ziehung kauft ein Land Fremdwährungen (Devisen) oder Sonderziehungsrechte (SZR) vom IWF gegen eigene Währung.

Europäische Wirtschafts- und Währungsunion

Die **Merkmale** der Europäischen Wirtschafts- und Währungsunion (WWU) sind:

- alleinige Währung ist der EUR
- alleinige Verantwortung für die Geldpolitik hat die Europäische Zentralbank (EZB)

Die **WWU-Teilnehmerländer** haben bestimmte **Konvergenzkriterien** zu erfüllen:

- Preisstabilität
- Kapitalmarktzinsniveau
- Wechselkursstabilität
- Haushaltsdisziplin
- Staatsverschuldung

Stabilitäts- und Wachstumspakt

- Neben der Defizitgrenze von 3 % des BIP steht das Ziel eines ausgeglichenen Haushalts im Vordergrund.
- EU-Länder, deren Schuldenstandsquote 60 % des BIP überschreitet, müssen das, was sie zu viel auf dem Gesamtschuldenkonto haben, jährlich um ein Zwangzigstel abbauen.

3.8 Gerechte Einkommens- und Vermögensverteilung

Die Einkommens- und Vermögensverteilung darf nicht zu unterschiedlich sein, um Chancengleichheit zu gewährleisten, sie darf aber auch nicht zu nivelliert sein, um Leistungsanreize zu erhalten.

Die **Einkommensverteilung** wird verdeutlicht durch das Verhältnis von Einkommen aus unselbstständiger Arbeit (Lohnquote) und Einkommen aus Unternehmertätigkeit und Vermögen (Gewinnquote).

Zu den **Maßnahmen der Einkommenspolitik** gehören:

- Veränderungen der Lohnquote durch staatliche Maßnahmen und Tarifparteien
- Transferzahlungen und Subventionen
- steuerpolitische Maßnahmen

Bei der **Vermögensverteilung** wird unterschieden zwischen Geldvermögen und Sachvermögen.

Zu den **Maßnahmen der Vermögenspolitik** zählen:

- staatliche Maßnahmen zur privaten Vermögensbildung
- tarifpolitische Maßnahmen
- Maßnahmen der Unternehmen zur privaten Vermögensbildung

3.9 Wirtschaftspolitische Grundkonzepte

Nachfrageorientierte Wirtschaftspolitik

Eine nachfrageorientierte Wirtschaftspolitik beeinflusst die gesamtwirtschaftliche Nachfrage. Der Staat greift in die Wirtschaftsprozesse ein, um Investitionen zu fördern, Arbeitsplätze zu schaffen und die Preise zu stabilisieren. Zu den **Maßnahmen** gehören:

- Gestaltung der Finanzpolitik
- staatliche Einkommenspolitik
- Konjunkturprogramme

Angebotsorientierte Wirtschaftspolitik

Eine angebotsorientierte Wirtschaftspolitik beeinflusst die Produktionsbedingungen der Anbieter. Der Staat konzentriert sich darauf, die Angebotsbedingungen der Wirtschaft zu verbessern. Zu den **Maßnahmen** gehören:

- Abbau staatlicher Regulierungen
- Flexibilisierung des Arbeitsmarktes
- Abbau von Subventionen
- Stärkung der Eigenverantwortlichkeit
- Potenzialorientierte Geldpolitik
- Wettbewerbsgesetzgebung
- Privatisierung staatlicher Unternehmen

C Rechnungswesen und Steuerung

1 Jahresabschluss der Kreditinstitute

Bewertung von Sachanlagen
- Betriebs- und Geschäftsausstattung
- Geringwertige Wirtschaftsgüter

Bewertung von Forderungen an Kunden
- Werthaltigkeit von Forderungen
  - Sichere
  - Einwandfreie
  - Zweifelhafte
  - Uneinbringliche
- Wertberichtigungen
  - Einzelwertberichtigung
  - Pauschalwertberichtigung

Bewertung von Wertpapieren
- Wertpapiere des Anlagevermögens
  - Gemildertes Niederstwertprinzip
- Wertpapiere des Umlaufvermögens
  - Zweitwertprinzip
  - Strenges Niederstwertprinzip

Zeitliche Abgrenzung des Jahreserfolgs
- Bildung transitorischer Posten
- Bildung antizipativer Posten

Risikovorsorge
- Vorsorgereserven nach § 340g HGB
- Vorsorgereserven nach § 340f HGB

Eigenkapitalpositionen
- Gezeichnetes Kapital
- Kapitalrücklagen
- Gewinnrücklagen
- Gewinnvortrag (Verlustvortrag)
- Bilanzgewinn/-verlust

1.1 Bewertung von Sachanlagen

Die Sachanlagen eines Kreditinstituts unterliegen permanenten Wertminderungen. Die Ursachen der Wertminderungen können sein: Alterung, Abnutzung, technischer Fortschritt. Die Wertminderungen werden als **Abschreibungen** erfasst.

Betriebs- und Geschäftsausstattung (BGA)

Als **Abschreibungsmethode** ist nur die **lineare Abschreibung** steuerlich zugelassen, d. h.:

- Abschreibung mit gleichbleibenden Abschreibungsbeträgen
- Abschreibung in Höhe eines Prozentsatzes der Anschaffungskosten
- Höhe der Abschreibungsbeträge wird durch Anzahl der Jahre bestimmt

Geringwertige Wirtschaftsgüter (GWG)

Bei geringwertigen Wirtschaftsgütern hat das Unternehmen ein **Wahlrecht** zwischen

- Sofortabschreibung für Wirtschaftsgüter bis 410,00 EUR (netto) und
- Poolabschreibung für Wirtschaftsgüter zwischen 150,00 EUR und 1 000,00 EUR (netto).

Bei der **Poolabschreibung** werden die angeschafften Wirtschaftsgüter über das Jahr in einem Pool gebündelt. Der Pool wird über fünf Jahre mit jeweils 20 % abgeschrieben. Das Wahlrecht kann für alle in einem Wirtschaftsjahr angeschafften Wirtschaftsgüter nur einheitlich ausgeübt werden.

1.2 Bewertung von Forderungen an Kunden

Forderungen an Kunden dürfen nur bilanziert werden, wenn davon auszugehen ist, dass sie **werthaltig** sind, d. h., dass sie zurückgezahlt werden.

Werthaltigkeit von Forderungen

Forderungen	Merkmale	Buchung
Sichere Forderungen	Ein Ausfallrisiko besteht nicht, z. B. Forderung gegen die öffentliche Hand oder Bestehen einer Kreditversicherung.	entfällt
Einwandfreie Forderungen	Ein Ausfallrisiko ist derzeit nicht zu erkennen.	Abschreibung auf Forderungen an Pauschalwertberichtigung (PWB)
Zweifelhafte Forderungen	Ein Ausfallrisiko liegt vor, z. B. Insolvenz, Klageverfahren.	Abschreibung auf Forderungen an Einzelwertberichtigung (EWB)
Uneinbringliche Forderungen	Ein Ausfall steht endgültig fest.	Abschreibung auf Forderungen an KKK

Ermittlung der Pauschalwertberichtigung

  Verbrauch an Einzelwertberichtigung (EWB)
\+ Direkt abgeschriebene Forderungen des Geschäftsjahres
− Zahlungseingänge auf bereits abgeschriebene Forderungen

= Tatsächlicher Forderungsausfall des jeweiligen Geschäftsjahres

Addition dieser Werte für die vorhergehenden fünf Geschäftsjahre und Durchschnittsbildung

= Durchschnittlicher Forderungsausfall der letzten fünf Geschäftsjahre
− 40 % dieses durchschnittlichen Forderungsausfalls (max. in Höhe des EWB-Betrags am Bilanzstichtag)

= Maßgeblicher Forderungsausfall

Prozentsatz der Pauschalwertberichtigung (PWB):

$$\frac{\text{Maßgeblicher Forderungsausfall} \cdot 100}{\text{Durchschnittlich risikobehaftetes Kreditvolumen}}$$

Der Bedarf an PWB wird dem Bestand aus dem Vorjahr gegenübergestellt. Die Differenz geht als Aufwand oder als Ertrag in die GuV-Rechnung ein.

Bilanzausweis

	Debitorenendbestand (nach direkter Abschreibung)
–	Höhe der Einzelwertberichtigungen
–	Höhe der Pauschalwertberichtigung
=	Forderungen an Kunden (Bilanzausweis)

1.3 Bewertung von Finanzinstrumenten

Finanzinstrumente sind Aktien, Schuldverschreibungen, Fondsanteile und Derivate.

Finanzinstrumente des Anlagevermögens	Finanzinstrumente des Umlaufvermögens	
	Finanzinstrumente des Handelsbestandes	**Finanzinstrumente der Liquiditätsreserve**
Sie dienen dauernd dem Geschäftsbetrieb.	Sie dienen dem Finanzinstrumentehandel.	Sie dienen der Liquidiätsvorsorge.
Gemildertes Niederstwertprinzip	Bewertung am Bilanzstichtag zum Zeitwert abzüglich eines Risikoabschlags, z. B. „value at risk". Ferner sind 10 % des Nettoertrags aus dem Handelsbestand in den Sonderposten „Fonds für allgemeine Bankrisiken" einzustellen (§ 340e HGB).	Strenges Niederstwertprinzip
Der niedrigere Kurs (Erwerbskurs oder Kurs am Bilanzstichtag) **kann** gewählt werden.		Der niedrigere Kurs (Erwerbskurs oder Kurs am Bilanzstichtag) **muss** gewählt werden.
Es gilt das Anschaffungskostenoberprinzip.		Es gilt das Anschaffungskostenoberprinzip.

Falls das Konto **Eigene Finanzinstrumente** nicht nur Aktien, sondern auch Schuldverschreibungen enthält, sind die aufgelaufenen, noch nicht vereinnahmten **Stückzinsen** bei der Bewertung mit auszuweisen.

Bei der Bewertung von **Finanzinstrumenten des Umlaufvermögens** werden

- realisierte Erfolge im Konto Kursgewinne bzw. Kursverluste erfasst,
- nicht realisierte Verluste abgeschrieben,
- nicht realisierte Kursgewinne bei Wertpapieren des Handelsbestandes zugeschrieben.

Ausweis in der Gewinn- und Verlustrechnung

Finanzinstrumente-Kategorie	Posten in der Gewinn- und Verlustrechnung
Finanzinstrumente des Handelsbestandes	Nr. 7 Nettoertrag oder Nettoaufwand aus Finanzgeschäften (Ertrag und Aufwand müssen verrechnet werden)
Finanzinstrumente der Liquiditätsreserve	Nr. 13 Abschreibungen und Wertberichtigungen auf Forderungen und bestimmte Wertpapiere … Nr. 14 Erträge aus Zuschreibung zu Forderung und bestimmte Wertpapiere … (Ertrag und Aufwand können verrechnet werden)
Finanzinstrumente des Anlagevermögens	Nr. 15 Abschreibungen und Wertberichtigungen auf Beteiligungen, Anteile an verbundenen Unternehmen und wie Anlagevermögen behandelten Wertpapieren Nr. 16 Erträge aus Zuschreibungen zu Beteiligungen, Anteile an verbundenen Unternehmen und wie Anlagevermögen bewerteten Wertpapieren (Ertrag und Aufwand können verrechnet werden)

Bewertung der eigenen Finanzinstrumente nach IFRS-Regeln

International tätige Kreditinstitute führen einen Rechnungsabschluss nach international anerkannten Rechnungslegungsvorschriften durch. Dazu gehören die IFRS-Regeln. Dabei gelten für die Bewertung von Finanzinstrumenten die IFRS 9.

Die finanziellen Vermögenswerte werden bewertet

- zu fortgeführten Anschaffungskosten oder
- zum beizulegenden Zeitwert.

Die Bilanzierung zu fortgeführten Anschaffungskosten gilt für festverzinsliche Wertpapiere, bei denen eine Haltabsicht bis zur Endfälligkeit vorgesehen ist.

Bei der Bewertung zum beizulegenden Zeitwert werden Fair-Value-Änderungen in der GuV berücksichtigt (zwingend bei Handelsbestand) oder im sonstigen Ergebnis (Wahlrecht).

1.4 Zeitliche Abgrenzung des Jahreserfolgs

Die Erfolgsrechnung soll den Jahresüberschuss eines Geschäftsjahres ermitteln. Aus diesem Grund müssen die Aufwendungen und Erträge periodengerecht erfasst werden.

Zahlung im

alten Jahr	neuen Jahr
Abgrenzung des Erfolgs, der das neue Jahr betrifft	Erfassen des Erfolgs, der das alte Jahr betrifft
Bildung transitorischer Posten	Bildung antizipativer Posten

Transitorische Rechnungsabgrenzungsposten

Im Konto **Aktive Rechnungsabgrenzung** (ARAG) werden die Aufwendungen erfasst, die bereits im alten Jahr gebucht wurden, jedoch das neue Jahr betreffen.

Im Konto **Passive Rechnungsabgrenzung** (PRAG) werden die Erträge erfasst, die bereits im alten Jahr gebucht wurden, jedoch das neue Jahr betreffen.

Antizipative Posten

Antizipative Aufwendungen und Erträge werden erst im neuen Jahr gezahlt, sie betreffen jedoch das alte Jahr.

Im Konto **Sonstige Forderungen** werden die Erträge erfasst, die das alte Jahr betreffen, jedoch erst im neuen Jahr gezahlt werden.

Im Konto **Sonstige Verbindlichkeiten** werden die Aufwendungen erfasst, die das alte Jahr betreffen, jedoch erst im neuen Jahr gezahlt werden.

Antizipative Zinsen werden jedoch nicht in den Konten Sonstige Forderungen bzw. Sonstige Verbindlichkeiten erfasst, da sie den entsprechenden Bestandskonten, z.B. Termineinlagen, Wertpapiere, zugeordnet werden können.

Zeitliche Abgrenzung – Überblick

	Altes Jahr	Neues Jahr	Buchung
Transitorische Rechnungsabgrenzung	Zahlung Zahlung	Ertrag Aufwand	Ertragskonto an PRAG ARAG an Aufwandskonto
Antizipative Posten	Ertrag Aufwand	Zahlung Zahlung	Sonstige Forderungen bzw. Bestandskonto an Ertragskonto Aufwandskonto an Sonstige Verbindlichkeiten bzw. Bestandskonto

1.5 Risikovorsorge in Kreditinstituten

Die **Risikovorsorge in Kreditinstituten** lässt sich unterscheiden in

- **Vorsorge vor Ausfallrisiken im Kreditgeschäft**
  - Bildung von EWB bei belegbaren Ausfallrisiken
  - Bildung von PWB für latente Ausfallrisiken
- **Vorsorge für allgemeine Bankrisiken**
  - Bildung offener Vorsorgereserven nach § 340g HGB
  - Bildung offener Vorsorgereserven nach § 340e HGB
  - Bildung stiller Vorsorgereserven nach § 340f HGB

Bildung offener Vorsorgereserven nach § 340g HGB

Kreditinstitute dürfen Teile des versteuerten Gewinns in den „Fonds für allgemeine Bankrisiken" einstellen. Die Zuführung bzw. Auflösung ist gesondert offen in der GuV-Rechnung auszuweisen.

Bildung offener Vorsorgereserven nach § 340e HGB

Kreditinstitute müssen 10% des Nettoertrages aus dem Handelsbestand (Finanzinstrumente) in den Sonderposten „Fonds für allgemeine Bankrisiken" einstellen. Werden in einem Geschäftsjahr Nettoaufwendungen aus dem Handelsbestand erzielt, erfolgt keine Zuführung zu dem Sonderposten; vielmehr darf der Posten zum Ausgleich der Nettoaufwendungen aufgelöst werden. Die Zuführung zu dem Sonderposten hat nur solange zu erfolgen, bis der Sonderposten 50% des Durchschnitts der letzten fünf jährlichen Nettoerträge des Handelsbestands erreicht.

Bildung stiller Vorsorgereserven nach § 340f HGB

Kreditinstitute dürfen bis zu 4% der Summe aus Forderungen an Kreditinstitute und Kunden sowie Wertpapieren der Liquiditätsreserve als Vorsorgereserve bilden. Die Bildung der Vorsorgereserven erfolgt durch Unterbewertung der Aktiva. Die stillen Reserven sind nicht aus der Bilanz ersichtlich.

Durch Bildung bzw. Auflösung dieser Vorsorgereserven können Kreditinstitute eine Gewinnkontinuität erreichen.

1.6 Jahresüberschuss und seine Verwendung

Bilanzposition Eigenkapital (AG)

Eigenkapitalposition	Merkmale
Gezeichnetes Kapital	Grundkapital der AG
Kapitalrücklagen	Aufgelder (Agios) bei der Ausgabe von Aktien und der Emission von Wandel- und Optionsanleihen (Außenfinanzierung)
Gewinnrücklagen	Einbehaltene Beträge aus dem Jahresüberschuss des Geschäftsjahres oder aus vergangenen Jahren (Innenfinanzierung)
Gewinnvortrag (Verlustvortrag)	Betrag wird aus der Bilanz des Vorjahres übernommen und erhöht bzw. mindert den Jahresüberschuss des laufenden Jahres
Bilanzgewinn/-verlust	Teil des Jahresüberschusses, über dessen Verwendung die Hauptversammlung entscheidet

Jahresüberschussrechnung (AG)

Jahresüberschuss

– Verlustvortrag
– Zuführung zur gesetzlichen Gewinnrücklage (5 % des um den Verlustvortrag korrigierten Jahresüberschusses, bis die Summe aus gesetzlichen Gewinnrücklagen und Kapitalrücklagen 10 % des Grundkapitals erreicht)
– Zuführung zu anderen Gewinnrücklagen (max. 50 % vom restlichen Jahresüberschuss)

= Bilanzgewinn

Gewinnausschüttung

1. Aus Sicht der Aktiengesellschaft

Gewinn vor Steuern je Aktie
– Körperschaftsteuer
– Solidaritätszuschlag

= Bruttodividende (veröffentlichte Dividende)

2. Aus Sicht des Aktionärs

Bruttodividende (veröffentlichte Dividende)
– Kapitalertragsteuer
– Solidaritätszuschlag

= Nettodividende

2 Kosten- und Erlösrechnung

Kalkulation im Wertbereich

Marktzinsmethode

- Aktivischer Konditionsbeitrag
- Passivischer Konditionsbeitrag
- Strukturbeitrag

Barwertkonzept

zeigt den Erfolg in effektiven Beträgen für die Gesamtlaufzeit, abgezinst auf den Abschlussstichtag

Kalkulation im Betriebsbereich

Standard-Einzelkostenrechnung

1. Schritt: Identifizieren der Marktleistung
2. Schritt: Standardisierung der Arbeitsabläufe
3. Schritt: Ermitteln der Standardverbrauchsmenge
4. Schritt: Festlegen der Standardkostensätze
5. Schritt: Standardkosten je Teilleistung

Einzelkalkulation als Deckungsbeitragsrechnung

Produktkalkulation im Aktivbereich

Produktkalkulation im Passivbereich

Kundenkalkulation

Geschäftsstellenkalkulation

Unternehmensanalyse

Instrumente der Bilanzpolitik

- Aktivierungswahlrechte
- Passivierungswahlrechte
- Bewertungsspielräume
- Stille Reserven

Rating

Aussage über die zukünftige Fähigkeit eines Unternehmens zur vollständigen und termingerechten Rückzahlung seiner Verbindlichkeiten

2.1 Grundbegriffe der Kosten- und Erlösrechnung

Vergleich GuV-Rechnung – Kosten- und Erlösrechnung

GuV-Rechnung	Kosten- und Erlösrechnung
Erträge	Erlöse
– Aufwendungen	– Kosten
= Gewinn/Verlust	= Betriebsergebnis

Die **Kosten** bestehen aus Grundkosten (= Zweckaufwand) und Zusatzkosten, z. B. kalkulatorische Eigenkapitalkosten, kalkulatorische Abschreibungen.

Die **Erlöse** bestehen aus den Grunderlösen (= Zweckerträgen) und den Zusatzerlösen, z. B. Zinsvorteil für Mitarbeiterkredite.

Dualismus von Bankleistungen

Bankleistungen

Innerbetriebliche Leistungen

- Technisch-organisatorischer Leistungsbereich
- Verursachen Betriebskosten; Beispiele: Personalkosten, Sachkosten
- Erzielen Betriebserlöse; Beispiele: Kontoführungsgebühr, Inkassoprovision

Markleistungen

- Finanzieller Leistungsbereich
- Verursachen Wertkosten; Beispiele: Zinsen für Spareinlagen
- Erzielen Werterlöse; Beispiele: Zinsen aus Krediten

2.2 Gesamtbetriebskalkulation

Die **Zinsspanne** ist eine Relativzahl, die sich aus dem Überschuss der Zinserlöse über die Zinskosten, ausgedrückt in Prozent des Geschäftsvolumens, ermittelt.

Ermittlung des Teilbetriebsergebnisses und des Betriebsergebnisses – Beispiel

Prozentuale Auswertungen zur durchschnittlichen Bilanzsumme: 2 200 Mio. EUR

	Mio. EUR		
Zinserträge	235,0		
+ lfd. Erträge aus Aktien und Beteiligungen	0,0		
+ Erträge aus Gewinngemeinschaften, Gewinnabführungs- oder Teilgewinn-Abführungsverträgen	0,0	Zinserträge	10,68 %
– Zinsaufwendungen	175,0	Zinsaufwendungen	7,95 %
= Zinsüberschuss (1)	**60,0**	**Bruttozinsspanne**	**2,73 %**
Provisionserträge	80,0		
– Provisionsaufwendungen	30,0		
= Provisionsüberschuss (2)	**50,0**	**Provisionsspanne**	**2,27 %**
Personalaufwand	45,0	Personalaufwandsspanne	2,05 %
+ Andere Verwaltungsaufwendungen	30,0		
+ Abschreibungen und Wertberichtigungen auf immaterielle Anlagewerte und Sachanlagen	16,0	Sachaufwandsspanne	2,09 %
= Verwaltungsaufwand (3)	**91,0**	**Bruttobedarfsspanne**	**4,14 %**
Teilbetriebsergebnis (1) + (2) – (3)	**19,0**		
Nettoergebnis aus Finanzgeschäften (4)	**3,0**	**Handelsergebnis**	**0,14 %**
Sonstige betriebliche Erträge	20,0		
– Sonstige betriebliche Aufwendungen	5,0		
= Saldo der sonstigen betrieblichen Aufwendungen und Erträge (5)	**15,0**	**Sonstige Ertragsspanne**	**0,68 %**
Abschreibungen und Wertberichtigungen auf Forderungen und bestimmte Wertpapiere sowie Zuführung zu Rückstellungen im Kreditgeschäft	21,0		

– Erträge aus Zuschreibungen zu Forderungen und bestimmten Wertpapieren sowie aus der Auflösung von Rückstellungen im Kreditgeschäft	2,0		
= Bewertungsergebnis (= Risikovorsorge (6))	**19,0**	**Risikospanne**	**0,86 %**
Betriebsergebnis aus normaler Geschäftstätigkeit (1) bis (6)	**18,0**	**Nettogewinnspanne**	**0,82 %**
Bruttozinsspanne (1)	**2,73 %**	**Personalaufwandsspanne**	**2,05 %**
+ Provisionsspanne (2)	**2,27 %**	**+ Sachaufwandsspanne**	**2,09 %**
+ Handelsergebnis (4)	**0,14 %**		
+ Sonstige Ertragsspanne (5)	**0,68 %**		
= Bruttoertragsspanne	**5,82 %**	**= Bruttobedarfsspanne (3)**	**4,14 %**

Bruttoertragsspanne	**5,82 %**
– Bruttobedarfsspanne (3)	**– 4,14 %**
= Bruttogewinnspanne	**1,68 %**
– Risikospanne (6)	**– 0,86 %**
= Netto-(Rein-)Gewinnspanne	**0,82 %**

2.3 Kalkulation im Wertbereich

Marktzinsmethode

Bei der **Marktzinsmethode** wird der **Zinsüberschuss in drei Erfolgsquellen** aufgespaltet:

Aktivischer Konditionsbeitrag	Differenz zwischen den Zinserlösen aus Kundenforderungen Konditionsbeitrag und fristenkongruenten GKM-Forderungen
Passivischer	Differenz zwischen Zinskosten aus fristenkongruenten GKM-Mitteln und Kundeneinlagen
Strukturbeitrag	Resultiert aus Zinsbindungsdifferenzen zwischen Aktiv- und Passivgeschäft; er stellt den Teil des Zinsüberschusses dar, den das Kreditinstitut durch Fristentransformation erzielt (kurzfristige Gelder werden längerfristig ausgeliehen)

Der **Strukturbeitrag** ist immer positiv, wenn eine normale Zinsstruktur gegeben ist, d.h., wenn die kurzfristigen Zinssätze unter den langfristigen liegen.

Marktzinsmethode – Aufspaltung des Zinsüberschusses – Beispiel

Aktiva				**Passiva**			
4-Jahres-Kunden-Kredit	Volumen (EUR)	Zinssatz	GKM-Satz	1-Jahres-Kunden-einlage	Volumen (EUR)	Zinssatz	GKM-Satz
	100 000,00	8,5 %	7,75 %		100 000,00	5,5 %	6,90 %

Ergebnis:

Zinserlös	8 500,00 EUR
– Zinsaufwand	5 500,00 EUR
= Zinsüberschuss	3 000,00 EUR

Zusammensetzung:

Konditionsbeitrag Kredit	+ 750,00 EUR
+ Konditionsbeitrag Einlage	+ 1 400,00 EUR
+ Strukturbeitrag	+ 850,00 EUR

1. Konditionsbeitrag Kredit

Differenz zwischen vereinbartem Zins von 8,5 % und dem Zins für Geldanlagen gleicher Fristigkeit am Geld- und Kapitalmarkt von 7,75 %

(0,085 – 0,0775) · 100 000,00 EUR = 750,00 EUR

2. Konditionsbeitrag Einlage

Differenz zwischen Zins für Geld gleicher Fristigkeit am Geld- und Kapitalmarkt von 6,9 % und dem vereinbarten Zins von 5,5 %

(0,069 – 0,055) · 100 000,00 EUR = 1 400,00 EUR

3. Strukturbeitrag

- Kredit: Differenz GKM-Satz und TG-Satz
  (0,0755 – 0,0615) · 100 000,00 EUR = 1 600,00 EUR
- Einlage: Differenz TG-Satz und GKM-Satz
  (0,0615 – 0,069) · 100 000,00 = 750,00 EUR
- Saldo: 850,00 EUR

Diese 850 Geldeinheiten wären auch ohne Kundengeschäft erzielbar gewesen, z. B. als eine revolvierende Finanzierung eines Vier-Jahres-Kapitalmarktpapiers durch Ein-Jahresgelder. Verantwortlich für die Fristentransformation ist die Zentraldisposition.

Barwertkonzept

Das **Barwertkonzept** stellt nicht auf Effektivzinsen und Margen, sondern auf Zahlungsströme ab. Es zeigt den Erfolg in effektiven Beträgen für die Gesamtlaufzeit, abgezinst auf den Abschlussstichtag.

Barwertkonzept am Beispiel eines Darlehens

Das Kreditinstitut vergibt ein Darlehen über 200 000,00 EUR an einen Kunden.

- Laufzeit 2 Jahre
- Zinsberechnung jährlich nachträglich
- Zins 6 % 2 Jahre fest, Auszahlung 98 %
- Tilgung am Laufzeitende in einem Betrag

Die Zahlungsströme aus dem Darlehen stellen sich wie folgt dar:

	0	1	2
Darlehensauszahlung	– 196 000,00 EUR		
Zinsen Jahr 1		12 000,00 EUR	
Zinsen Jahr 2			12 000,00 EUR
Tilgung			200 000,00 EUR
Summe			212 000,00 EUR

Die Einstandszinssätze betragen am Abschlussstichtag für

1 Jahr 4,50 %

2 Jahre 5,00 %

Am Ende des Jahres 2 kann das Kreditinstitut mit einer Einzahlung von 212 000,00 EUR rechnen. Analog zum Aktivgeschäft ist hierfür Zwei-Jahresgeld mit jährlicher Zinszahlung zu 5 % aufzunehmen. Bei Aufnahme von 201 904,00 EUR sind am Ende des ersten Jahres 10 096,00 EUR Zinsen und am Ende des zweiten Jahres 10 096,00 EUR Zinsen und 201 904,00 EUR Tilgung = 212 000,00 EUR zu zahlen. Das entspricht der Zahlung des Kunden an das Kreditinstitut, die Einzahlung wird also auf den Abschlussstichtag abgezinst.

Am Ende des Jahres 1 erhält die Bank eine Einzahlung von 12 000,00 EUR. Dagegen steht bereits eine Auszahlungsverpflichtung von 10 096,00 EUR Zinsen für die Refinanzierung des Jahres 2, verbleibt ein Einzahlungsüberschuss von 1 904,00 EUR. Nimmt das Kreditinstitut heute 1 822,00 EUR für ein Jahr zum Satz von 4,5 % auf, so muss es nach Ablauf genau 1 904,00 EUR zurückzahlen, was wiederum durch den Einzahlungsüberschuss gedeckt ist.

	0	1	2
Darlehen	– 196 000,00 EUR	+ 12 000,00 EUR	+ 212 000,00 EUR
Ref. Jahr 2	+ 201 904,00 EUR	– 10 096,00 EUR	– 212 000,00 EUR
		+ 1 904,00 EUR	0,00 EUR
Ref. Jahr 1	+ 1 822,00 EUR	+ 1 904,00 EUR	
Summe	+ 7 726,00 EUR	0,00 EUR	

Falls das Kreditinstitut so verfährt, hat es bereits am Abschlussstichtag einen Überschuss (Barwert) von 7 726,00 EUR, da sich künftige Einzahlungen und Auszahlungsverpflichtungen ausgleichen.

Standard-Risikokosten

Für die **Kalkulation von Preisuntergrenzen** von Zinsen im Kreditgeschäft werden kalkulatorische Risikokosten in Form von Standard-Risikokosten ermittelt. Dabei werden die durchschnittlichen Ausfälle der vergangenen fünf Jahre zur Bemessung des Ausfallrisikos ermittelt.

Ermittlung der Risikokosten

	Direkte Abschreibungen auf Forderungen
+	Einzelwertberichtigungen
–	Zahlungseingänge aus der Auflösung von Einzelwertberichtigungen
–	Zahlungseingänge auf bereits abgeschriebene uneinbringliche Forderungen
=	Risikokosten (tatsächlicher Ausfall)

Ermittlung der Standard-Risikokosten – Beispiel

Höhe des durchschnittlichen Ausfalls von Ratenkrediten	2 Mio. EUR
Höhe des durchschnittlichen Ratenkreditvolumens	10 000,00 Mio. EUR
Standard-Risikokosten für Ratenkredite	0,02 % p. a.

2.4 Kalkulation im Betriebsbereich

Standard-Einzelkostenrechnung

Die Standard-Einzelkostenrechnung geht davon aus, dass dem einzelnen Geschäft nur die direkt von ihm verursachten Kosten zugerechnet werden dürfen.

Grundschema der Standard-Einzelkostenrechnung

1. Schritt: Identifizieren der Marktleistung
2. Schritt: Standardisierung der Arbeitsabläufe beim Erstellen der Leistung
3. Schritt: Ermitteln der Standardverbrauchsmenge
4. Schritt: Festlegen von Standardkostensätzen
5. Schritt: Standardkosten je Teilleistung

Festlegen von Standardkostensätzen =

$$\frac{\text{Summe aller Einzelkosten der jeweiligen Kostenstelle in EUR}}{\text{Anzahl der Mitarbeiter} \cdot \text{maximale Arbeitszeit in Minuten}}$$

Standardkosten je Teilleistung werden getrennt nach Kostenarten ermittelt

1. Personal-/EDV-Kosten:
   Standardbearbeitungszeit in Minuten · Standardkostensatz je Minute
2. Sonstige Sachkosten:
   Standardverbrauchsmenge in Stück · Standardkosten pro Stück

Die Standard-Einzelkosten aller Teilleistungen werden addiert, das Ergebnis sind die Betriebskosten der jeweiligen Marktleistung.

2.5 Einzelkalkulation als Deckungsbeitragsrechnung

Der Kalkulation im Betriebsbereich liegt die Teilkostenrechnung (prozessorientierte Standard-Einzelkostenrechnung) zugrunde. Bei der Einzelkalkulation wird unterschieden nach:

- Produktkalkulation im Aktivgeschäft,
- Produktkalkulation im Passivgeschäft,
- Kundenkalkulation.

Produktkalkulation im Aktivgeschäft

Ermittlung der Preisuntergrenze eines Produkts

  Alternativzinssatz für Anlagen am GKM
\+ Mindestkonditionenmarge, bestehend aus:
  Direkt zurechenbare Betriebskosten (Standard-Einzelkosten) in %
  Risikokosten in %
  Eigenkapitalkosten in %

= Preisuntergrenze Aktivprodukt in %

Ermittlung des Deckungsbeitrags

  Zinserlöse
– Alternativzinsen für Anlage am GKM

= **Deckungsbeitrag I** (Zinsüberschuss, Zins-Konditionenbeitrag)
+ Direkt zurechenbare Provisionserlöse
– Direkt zurechenbare Betriebskosten

= **Deckungsbeitrag II** (Netto-Konditionenbeitrag)
– Risikokosten
– Eigenkapitalkosten

= **Deckungsbeitrag III** (Beitrag zum Betriebsergebnis)

- Deckungsbeitrag III ohne Berücksichtigung der Overhead-Kosten
- Die Kosten für die Unterlegung mit Eigenkapital werden angegeben.

Produktkalkulation im Passivgeschäft

Ermittlung der Preisobergrenze eines Produkts

  Alternativzinssatz für Beschaffung am GKM
– Direkt zurechenbare Betriebskosten (Standard-Einzelkosten) in %

= Preisobergrenze Passivprodukt in %

Ermittlung des Deckungsbeitrags

– Alternativzinsen für Beschaffung am GKM
– Zinskosten

= **Deckungsbeitrag I** (Zinsüberschuss, Zins-Konditionenbeitrag)
+ Direkt zurechenbare Provisionserlöse
– Direkt zurechenbare Betriebskosten

= **Deckungsbeitrag II** (Netto-Konditionenbeitrag)
= **Deckungsbeitrag III** (Beitrag zum Betriebsergebnis)

- Deckungsbeitrag II und III ohne Berücksichtigung der Overhead-Kosten

Kundenkalkulation

  Konditionenbeiträge der Aktivgeschäfte
+ Konditionenbeiträge der Passivgeschäfte

= **Deckungsbeitrag I** (Zinsüberschuss, Zins-Konditionenbeitrag)
+ Direkt zurechenbare Provisionserlöse
– Direkt zurechenbare Betriebskosten

= **Deckungsbeitrag II** (Netto-Konditionenbeitrag)
– Direkt zurechenbare Risikokosten
– Direkt zurechenbare Eigenkapitalkosten

= **Deckungsbeitrag III** (Deckungsbeitrag des Kunden)

3 Unternehmensanalyse

Unternehmensanalyse

Instrumente der Bilanzpolitik

- Aktivierungswahlrechte
- Passivierungswahlrechte
- Bewertungsspielräume
- Stille Reserven

Kennzahlen zur Auswertung des Jahresabschlusses

Rating

- Finanzrating
- Strukturrating
- Sonderfaktoren
- Konzernhintergrund

Aussage über die zukünftige Fähigkeit eines Unternehmens zur vollständigen und termingerechten Rückzahlung seiner Verbindlichkeiten

3.1 Kernmerkmale der Jahresabschlussanalyse

Bilanzpolitik

Die **Jahresabschlussanalyse** dient dazu, dem Bilanzleser einen Überblick über die Vermögenslage, die Kapitalstruktur sowie die stichtagsbezogene Finanzsituation eines Unternehmens zu ermöglichen.

Dabei ist es wichtig, herauszufinden, ob die in der Bilanz angesetzten Werte realistisch sind, d. h. der tatsächlichen Lage des Unternehmens entsprechen.

Instrumente	Merkmale
Aktivierungswahlrechte	Bestimmte Aufwendungen erhöhen das Vermögen, z. B. Aufwendungen für die Instandsetzung und Erweiterung des Geschäftsbetriebs.
Passivierungswahlrechte	Durch Verschiebung von Aufwendungen in die Zukunft wird das Fremdkapital erhöht und der zukünftige Gewinn gemindert, z. B. Bildung von Rückstellungen für notwendige Instandhaltungen.
Bewertungsspielräume	Sie erhöhen bei bestimmten Aktivposten den Aufwand und mindern den Wert dieser Aktivposition, z. B. gemildertes Niederstwertprinzip bei Wertpapieren des Anlagevermögens.
Stille Reserven	Sie sind in der Bilanz nicht offen ersichtlich, z. B. Unterbewertung von Aktiva durch Bewertung zum Niederstwertprinzip.

Gestaltungsspielräume im Umlaufvermögen

Bilanzposition	Bilanzmaßnahmen
Forderungen	▪ Aktivierung von zweifelhaften Forderungen ohne ausreichende Wertberichtigung ▪ Aktivierung von Altforderungen mit langer Laufzeit ohne ausreichende Wertberichtigung
Roh-/Hilfs-/Betriebsstoffe	Überbewertung der Bestände

Bilanzposition	Bilanzmaßnahmen
Unfertige/ fertige Erzeugnisse	▪ Überbewertung der Bestände ▪ Einbeziehung von Fremdkapitalkosten ▪ Einbeziehung von Gewinnanteilen ▪ Aktivierung von „Ladenhütern" ohne ausreichende Abwertung ▪ Bewertung entspricht nicht dem Fertigungsstand

3.2 Kennzahlen zur Auswertung des Jahresabschlusses

Finanz- und ertragswirtschaftliche Kennzahlen und Bilanzkennzahlen

Eigenkapitalquote	$\frac{\text{Eigenkapital} \cdot 100}{\text{Bilanzsumme}}$
Anlagendeckungsgrad I	$\frac{\text{Eigenkapital} \cdot 100}{\text{Anlagevermögen}}$
Anlagendeckungsgrad II	$\frac{(\text{Eigenkapital} + \text{langfristiges Fremdkapital}) \cdot 100}{\text{Anlagevermögen}}$
Cashflow	Betriebsergebnis + ordentliche Abschreibungen + Zuführung zu den langfristigen Rückstellungen
Cashflow-Rate	$\frac{\text{Cashflow} \cdot 100}{\text{Gesamtleistung}}$
Eigenkapitalrentabilität	$\frac{\text{Betriebsergebnis} \cdot 100}{\text{Eigenkapital}}$
Gesamtkapitalrentabilität	$\frac{(\text{Betriebsergebnis} + \text{Zinsaufwand}) \cdot 100}{\text{Bilanzsumme}}$
Umsatzrentabilität	$\frac{\text{Betriebsergebnis} \cdot 100}{\text{Gesamtleistung}}$
Debitorenziel	$\frac{\text{Forderungen aus Lieferung und Leistungen} \cdot 365}{\text{Umsatzerlöse}}$
Kreditorenziel	$\frac{\text{Verbindlichkeiten aus Lieferungen und Leistungen} \cdot 365}{\text{Materialaufwand bzw. Wareneinsatz}}$
KGV	$\frac{\text{Börsenkurs}}{\text{erwarteter Gewinn pro Aktie}}$
Dividendenrendite	$\frac{\text{veröffentlichte Dividende} \cdot 100}{\text{Kapitaleinsatz}}$

Kennzahlen ermöglichen insbesondere einen Vergleich der Unternehmenssituation mit Jahresabschlüssen der zwei Vorjahre sowie mit anderen Unternehmen.

Beim Einsatz von Kennzahlen sind Branchenunterschiede zu berücksichtigen.

Produktionsunternehmen zeichnen sich aus durch eine relative hohe Wertschöpfung, verbunden mit einem hohen Anlagevermögen und/oder Personalbestand. Gegenüber Handels- und Dienstleistungsunternehmen ist ein erhöhtes Langfristkapital (insbesondere Eigenkapital) sowie eine höhere Umatzrendite erforderlich, um dem spezifischen Unternehmensrisiko ausreichend Rechnung zu tragen.

Handelsunternehmen weisen aufgrund ihrer geringen Wertschöpfung meist ein geringes Anlagevermögen auf. Sie kommen in der Regel mit einem geringeren Eigenkapital aus. Zu beachten sind jedoch die Risiken durch Bonitätsverschlechterung von Abnehmern.

Dienstleistungsunternehmen weisen ähnliche Aspekte wie Handelsunternehmen auf, der Personalbestand ist jedoch meist höher. Die Anpassung bei Nachfragerückgängen kann leichter als bei Produktionsunternehmen vorgenommen werden, sodass sich diese Unternehmen ebenfalls durch einen geringen Eigenkapitalanteil auszeichnen.

3.3 Rating

Das Rating ist eine Aussage (Benotung) über die zukünftige Fähigkeit eines Unternehmens zur vollständigen und termingerechten Rückzahlung seiner Verbindlichkeiten mit dem Ziel der Ermittlung von Ausfallwahrscheinlichkeiten, Wiedereinbringungsraten und Migration auf der Basis intensiver Unternehmensanalysen.

Das **Rating** umfasst vier Teilschritte:

1. Teil: **Finanzrating**

2. Teil: **Strukturrating**

Zahlen und Antworten werden mithilfe eines Punktesystems erfasst. Diese Punkte werden in einer Gesamtbewertung zusammengefasst: dem **Basisrating**. Dies wird dann ggf. nochmals korrigiert durch

3. Teil: **Sonderfaktoren**

4. Teil: **Konzernhintergrund**.

Am Ende des Ratingverfahrens steht eine **Bonitätsklasse**. Die Bonitätsklassen zeigen dem Kreditinstitut an, mit welcher Wahrscheinlichkeit das Unternehmen (Kreditkunde) innerhalb der nächsten zwölf Monate seinen Kreditverpflichtungen nachkommen kann.

Ratingschritte	Kernmerkmale
Finanzrating	■ Profitabilität: Brutto-Cashflow ■ Finanzlage: Adjustierte Haftmittelquote
Strukturrating	■ Wettbewerbsposition ■ Management
Sonderfaktoren	■ aktuelle Geschäftsentwicklung ■ Nachfolgeregelung ■ Haftungs- und sonstige Risiken ■ Branchenbesonderheiten
Konzerneinfluss	■ rechtlich bindende Patronatserklärung der Konzernmutter ■ wiederholter Verlustausgleich durch die Konzernmutter ■ Sicherheitenstellung für andere Konzerngesellschaften ■ unangemessen hohe Gewinnabführung

Kalkulieren mit dem Rating

Das Rating hat Einfluss auf die Kreditkosten. Das Rating hilft dem Kreditinstitut, die Kosten näher zu bestimmen, die bei einer Kreditvergabe entstehen.

Dabei ist zwischen vier Kostenblöcken zu unterscheiden:

- Refinanzierung,
- Kreditbearbeitung,
- Kreditausfälle,
- Eigenkapitalunterlegung (Kernpunkt von Basel III).

Sachwortverzeichnis